ÜBER DAS BÖSE
Andrew Vachss im Gespräch mit Claus Leggewie

Über das Böse

Andrew Vachss im Gespräch
mit Claus Leggewie

Aus dem Amerikanischen
von Georg Schmidt

 Eichborn.

Die Deutsche Bibliothek – CIP-Einheitsaufnahme

Vachss, Andrew:
Andrew Vachss und Claus Leggewie im Gespräch über das Böse.
Aus dem Amerikanischen von Georg Schmidt –
Frankfurt am Main : Eichborn, 1994
  ISBN 3-8218-1166-8
NE: Leggewie, Claus:

© Vito von Eichborn GmbH & Co. Verlag KG, Frankfurt am Main,
Oktober 1994.
Lektorat: Doris Engelke/Albert Sellner.
Umschlaggestaltung: Rüdiger Morgenweck.
Satz: Fuldaer Verlagsanstalt GmbH, Fulda.
Druck und Bindung: Wiener Verlag, Himberg.
ISBN 3-8218-1166-8

Verlagsverzeichnis schickt gern:
Eichborn Verlag, Kaiserstraße 66, D-60329 Frankfurt

INHALT

DIE KINDER UND DAS BÖSE

LEGGEWIE: *In Deutschland kennt man Andrew Vachss als Autor von Kriminalromanen. Die meisten Leser wissen gar nicht, daß Sie im Hauptberuf Rechtsanwalt sind und die Romane »nebenbei« schreiben, meistens nachts. Was tun Sie tagsüber als Anwalt »limited to matters concerning children and youth«, wie es auf dem Briefkopf Ihrer Praxis steht?*

VACHSS: Ohne meine Tätigkeit als Anwalt gäbe es die Romane nicht. Und wenn es die Romane nicht gäbe, wären Sie nicht hier, um mich zu interviewen, stimmt's? Okay, meine Kanzlei funktioniert folgendermaßen: Wie ich zu meinen Fällen komme, wie ich dazu komme, Kinder zu vertreten, das passiert auf ganz verschiedene Weise. Zum Beispiel, wenn ein Kind beschuldigt wird, eine Straftat begangen zu haben, und einen Verteidiger braucht ...

LEGGEWIE: *Für welche Art von Straftaten?*

VACHSS: ... jede Straftat, vom einfachen Vergehen bis hin zum Mord – das Entscheidende ist nicht die Tat, sondern das Alter. Oder ein Kind ist geschädigt worden – zum Beispiel in einer Tagesstätte oder im Ferienlager, von einem Lehrer etwa, einem Pfadfinderführer, einem Geistlichen ... egal, von wem –, und die Eltern beauftragen mich damit, das Kind zu vertreten. Mit anderen Worten: wenn ein Kind von jemandem geschädigt worden ist, der kein Familienmitglied ist.

Wenn dagegen die Eltern des Kindes beschuldigt werden, können sie natürlich keinen Anwalt engagieren, der das Kind vertritt – das wäre ja ein krasser Interessenkonflikt. Nach der Rechtsprechung des Staates New

York gibt es bei innerfamiliärem Kindesmißbrauch nicht zwei, sondern mindestens drei Parteien. Die erste Partei ist der Staat selbst. Die Staatsanwaltschaft vertritt die für den Schutz des Kindes zuständige Behörde, das heißt den Sozialbetreuer, der die Ermittlungen durchgeführt und beschlossen hat, die Angelegenheit vor Gericht zu bringen. Die Eltern können sich dann ebenfalls Anwälte nehmen, und zwar jeder für sich. Wenn sie sich keinen Anwalt leisten können, haben sie, genau wie bei einer Strafsache, einen gesetzlichen Anspruch auf kostenlosen Rechtsbeistand. Das Besondere bei Verfahren wegen innerfamiliären Kindesmißbrauchs ist jedoch, daß auch das Kind einen Anwalt hat.

LEGGEWIE: *Er soll die besonderen Interessen des Kindes wahrnehmen.*

VACHSS: Ja, denn damit ist das Kind nicht bloß »Zeuge«, sondern wird selbst zur »Partei« und hat auf diese Weise das Recht, bei allen Stadien des Verfahrens dabeizusein.

LEGGEWIE: *Wie wird man Kinderanwalt?*

VACHSS: Nach dem Zufallsprinzip. Man wird aus einem Gremium von Anwälten ausgewählt, die Erfahrungen mit der juristischen Betreuung von Kindern haben. Für dieses Gremium muß man sich zunächst qualifizieren, doch wenn man einmal dazugehört, entscheidet einfach das Los, welcher Anwalt den Fall zugeteilt bekommt. Ich beschränke mich auf die wirklich schweren Fälle. Wenn es also um die Verteidigung eines jugendlichen Straftäters geht, müßte der oder die Betreffende schon eines Kapitalverbrechens beschuldigt werden; handelt es sich um Mißbrauch oder Vernachlässigung, dann müssen der Mißbrauch oder die Vernachlässigung schwerwiegend sein.

LEGGEWIE: *Manchmal gibt es zwischen Eheleuten einen richtigen Krieg um das Kind.*

VACHSS: Angenommen, die Eltern leben getrennt oder sind geschieden, und es geht um das Sorgerecht für das Kind. Dann habe ich den Auftrag, das Kind zu vertreten, denn beide Eltern sagen: »Ich will doch nur das Beste für das Kind.« Natürlich sprechen sowohl Recht als auch Logik dagegen: Da die Ansichten der Eltern so kraß auseinandergehen, können nicht beide recht haben.

LEGGEWIE: *Dann treten Sie auf den Plan?*

VACHSS: Ich vertrete sowohl Kinder, die Verbrechen begangen haben, als auch solche, die Opfer von Verbrechen geworden sind oder als Zankapfel herhalten müssen, wenn die Eltern sich bekriegen.

LEGGEWIE: *Auch in Deutschland setzt sich die Idee durch, Kindern in solchen Fällen einen Anwalt zu geben, der sie ernst nimmt und ihre Interessen sorgsam gegenüber Erwachsenen und Staat vertritt.*

VACHSS: Bei sexuellem Mißbrauch innerhalb der Familie hat das Kind Bedürfnisse und Interessen, die sich erheblich von denen der erwachsenen Parteien unterscheiden. Wenn wir zuließen, daß der Beschuldigte den Anwalt des mutmaßlichen Opfers engagiert, würden wir das Verfahren zur Farce verkommen lassen; der Schaden wäre irreparabel.

LEGGEWIE: *In Familiensachen gilt allgemein das »Kindeswohl« als oberste Maxime aller Parteien.*

VACHSS: Eine nette Phrase – und naturgemäß wird sie bei einem Verfahren, bei dem es um den Schutz des Kindes geht, von allen Beteiligten im Munde geführt. Aber jede Partei wird immer ihre eigene und eigennützige Ansicht darüber haben, wie dieses lobenswerte Ziel zu erreichen ist. Die einzige praktikable Lösung ist in solchen Fällen ein unabhängiger Rechtsbeistand, der vom Gericht bestellt wird, nicht von einer der beteiligten Parteien.

LEGGEWIE: *Welche besonderen Qualifikationen braucht man dazu in New York?*

VACHSS: Wenige, viel zu wenige. Man muß Mitglied der Anwaltskammer sein, an ein paar juristischen Fortbildungskursen teilgenommen und ein kurzes Ausbildungsprogramm durchlaufen haben. Neuerdings muß man, von einem Mitglied des Gremiums begleitet, in einer Art Praktikum mindestens drei Fälle von Anfang bis Ende durchgeführt haben, und das wird einem von dem Betreffenden beglaubigt.

LEGGEWIE: *Wenn die Zulassungsbedingungen so einfach sind, muß dieses Gremium doch voll sein?*

VACHSS: Als ich anfing (1976), bekam man zehn Dollar die Stunde. Jetzt, fast zwanzig Jahre später, ist der Satz auf 25 Dollar erhöht worden. Wenn ich also in einem Fall gegen privat engagierte Anwälte antrete, verdiene ich etwa zehn Prozent von dem Honorar, das die verlangen. Und nicht nur, daß der Satz so niedrig ist – ich kann nicht mal sicher sein, daß ich das Geld wirklich bekomme. Wenn meine Rechnung den Gesamtbetrag von 800 Dollar übersteigt, muß ich eine eidesstattliche Erklärung abgeben und begründen, wie ich dazu komme, in diesem Fall eine derart »überzogene« Summe zu fordern. Daß diese dann bewilligt wird, ist keineswegs sicher, und wenn meine Rechnung nicht in voller Höhe bezahlt wird, habe ich keine Widerspruchsmöglichkeit.

Außerdem kriege ich von der Behörde, bei der ich meine Rechnung einreiche, nicht meine laufenden Kosten erstattet – die muß ich aus eigener Tasche tragen.

LEGGEWIE: *Und dafür arbeiten Sie?*

VACHSS: Als ich anfing, war die Vertretung von Kindern in finanzieller Hinsicht tatsächlich ein doppeltes Opfer. Wenn das Gericht bei einem Fall von Kindesmißbrauch einen Anwalt für das Kind und einen weiteren für die Eltern bestellte, bekam der Anwalt des Kindes zehn Dollar die Stunde, der Anwalt der Eltern aber 15 Dollar. Wir haben diese Praxis angefochten – konnte die Tatsache, daß Kinder Bürger zweiter Klasse waren, krasser deutlich werden? Wenn das Gericht heute Anwälte für alle Parteien bestellt – soll heißen: Wenn die Eltern nicht das Geld haben, einen eigenen Anwalt zu engagieren –, dann bekommen die Anwälte der Kinder das gleiche bezahlt wie die der Eltern. Das ist immer noch wenig genug, aber wenigstens hat man jetzt ein bißchen das Gefühl, gleich behandelt zu werden.

LEGGEWIE: *Reich werden können Sie damit immer noch nicht.*

VACHSS: Ich habe das immer gemacht, weil ich es machen *wollte* – kein Anwalt sollte sich dem Trugschluß hingeben, daß er allein von dieser Arbeit leben könnte, damals genauso wenig wie heute.

LEGGEWIE: *Wie definieren Sie »sexuellen Mißbrauch«?*

VACHSS: Meine Definition von »Mißbrauch« lautet Mißhandlung durch Handlung oder Unterlassung. So gesehen, liegt die Definition für »sexuellen Mißbrauch« auf der Hand: Inzest durch einen Elternteil ist zweifellos Mißbrauch, aber der mangelnde Schutz des Kindes durch den anderen Elternteil könnte den Tatbestand der Unterlassung erfüllen.

LEGGEWIE: *Mißbrauch ist nicht gerade ein glücklich gewählter Begriff, finde ich.*

VACHSS: Ein Euphemismus. Würden Sie von jemanden, der sich an einem Baby vergeht, sagen, er machte sich des »Kindesmißbrauchs« schuldig? Ich nicht. Würden Sie sagen, wer einem Kind Arme und Beine bricht, begeht »Kindesmißbrauch«? Ich jedenfalls nicht. Wenn ein Kind durch permanente grausame psychische Mißhandlung Gefahr läuft, in seinem späteren Leben immer wieder zum Opfer zu werden und als Erwachsener nie eine echte, reife Beziehung eingehen kann, dann nenne ich das nicht »Kindesmißbrauch«.

LEGGEWIE: *Manche nennen es deshalb »Seelenmord«.*

VACHSS: Die Angelegenheit ist so ernst, daß man sie detailliert betrachten muß. Mit Euphemismen, wie sie von den Sozialarbeitern gebraucht werden, kommen wir hier nicht weiter. Was ich gerade beschrieben habe – Übergriffe, Körperverletzung und schuldhafte Unterlassung –, läßt sich nicht sinnvoll unter dem verwässernden Schlagwort »Kindesmißbrauch« zusammenfassen. Tatsache ist, daß eine solche Verwässerung beim präzisen Erkennen (und der Behandlung) des Mißbrauchenden von Nachteil ist.

LEGGEWIE: *Wieso?*

VACHSS: Schon der Begriff »Kindesmißbrauch« ist dumm, weil er die Opfer, denen innerhalb der Familie Gewalt angetan wird, benachteiligt. Wer in New York zum Stock greift und ein Kind schlägt, das er nicht kennt, wird wegen schwerer Körperverletzung angeklagt. Wer dasselbe mit seinem eigenen Kind tut, wird selbst dann, wenn die Justiz eingreift – was sie keineswegs immer tut –, allenfalls der »Unverhältnismäßigen körperlichen Züchtigung« beschuldigt. Schon die Begriffe an sich sind Euphemismen. Wenn das Gesetz die »unverhältnismäßige körperliche Züchtigung« eines Kindes verbietet, dann heißt das, der Zweck des Schlagens sei Strafe oder Besserung. Aber manchmal schlagen die Erwachsenen einfach, weil es ihnen Spaß macht, schlagen das Kind zu ihrem eigenen perversen Vergnügen. Das Gesetz kann nicht zwischen beidem unterscheiden.

Deshalb definiere ich Mißbrauch als Mißhandlung durch Unterlassung *oder* Handlung, und ich werde das nicht auf eine bestimmte Art menschlichen Verhaltens einschränken. Mißhandlung kann psychisch, physisch oder sexuell erfolgen – oder auch alle drei Formen in sich vereinen. Der sexuelle Mißbrauch eines Kindes schließt immer auch den psychischen Mißbrauch und die Vernachlässigung der elterlichen Pflichten ein – anders geht es doch gar nicht.

Die Grenzen zwischen den verschiedenen Formen des »Kindesmißbrauchs« sind fließend; es kommt natürlich immer wieder zu Überlappungen. Deswegen ist in New York jedes Verfahren wegen innerfamiliärem »Kindesmißbrauch« weder eine reine Zivilklage noch ein reines Strafverfahren, sondern im Grunde eine Mischung aus beidem; diese Fälle werden grundsätzlich vor dem Familiengericht verhandelt. Wenn die Eltern des Mißbrauchs für schuldig befunden werden, kommen sie, anders als bei einem Strafprozeß, nicht ins Gefängnis. Allerdings verbleibt der Fall bei der Staatsanwaltschaft, und häufig müssen sich die Eltern aufgrund der Beweislage, die sich vor dem Familiengericht ergibt, auch vor einer Strafkammer verantworten. Was jedoch die Konsequenzen angeht, so hat das Familiengericht in manchen Punkten das größte Gewicht. Werden Eltern von der

Strafkammer wegen Kindesmißbrauchs verurteilt, dann können sie ins Gefängnis geschickt werden, für die Kinder aber ist nur das Familiengericht zuständig, und nur dort kann eine so drastische Maßnahme wie Entzug der elterlichen Rechte und Freigabe des Kindes zur Adoption verhängt werden.

LEGGEWIE: *Sie haben sich bewußt die schweren Fälle ausgesucht – was sind das für welche?*

VACHSS: Ich bin schon so lange auf diesem Gebiet tätig, daß ich eine Typologie der Täter entwickelt habe. Bei Kindesmißbrauch fallen unter *Typ I* (übrigens der am weitesten verbreitete) Menschen, die schlicht und einfach *unfähig* sind. Sie wissen einfach nicht, welche Aufgaben Eltern haben. Nehmen wir zum Beispiel eine Zwölfjährige, die bereits ein Baby hat: Sie begreift nicht, daß es sich um ein lebendiges, atmendes Wesen handelt – für sie ist das Kind eine Puppe. Und Puppen sind für diejenige da, der sie gehören, nicht umgekehrt. Es gibt Menschen, die mit sehr strenger, grausamer körperlicher »Züchtigung« aufgewachsen sind und, wenn sie selbst Eltern werden, ihre Kinder genauso behandeln. Manche Eltern ernähren ihre Kinder nicht ausreichend, lassen sie tagelang unbeaufsichtigt oder vernachlässigen sie auf andere Weise. Bei Eltern vom *Typ I* ist die Wiedereingliederung im üblichen Sinn außerordentlich erfolgreich. Viele dieser Eltern hören ein für allemal auf, ihre Kinder zu mißhandeln, wenn sie eine ökonomische Chance bekommen. Es gibt auch unfähige Eltern, bei denen das Fehlverhalten aufhört, wenn sie nicht mehr von Alkohol, Drogen oder dergleichen abhängig sind. Manche Menschen werden wunderbare Mütter und Väter, wenn man ihnen beibringt, sich wie Eltern zu verhalten, und ihnen echte moralische Unterstützung gibt. Solche Fälle bearbeite ich nur ganz selten.

Bei *Typ II* handelt es sich um Menschen, die *verrückt* sind. Ich meine das nicht im übertragenen Sinne, sondern buchstäblich und diagnostizierbar geisteskrank. Bei denen hängt eine Wiedereingliederung einzig davon ab, ob die Psychiatrie in der Lage ist, diese spezielle Störung oder Krankheit zu behandeln – ich spreche jetzt davon, ob es möglich ist, sie zu ungefährlichen Eltern zu machen, ich meine keine »Heilung« der Geisteskrankheit an sich. Bei der Arbeit mit Zwangsneurotikern haben wir recht gute Erfolge – mit paranoid Schizophrenen dagegen fast nie. Ich habe relativ wenig mit solchen Fällen zu tun, was aber daran liegt, daß sie nur selten vorkommen.

Bei *Typ III* enden die Gemeinsamkeiten zwischen mir und der etablierten Sozialarbeit. Bei diesem Typus handelt es sich um Menschen, die ich als *böse* bezeichne: Sie verletzen Kinder zu ihrem persönlichen *Vergnügen* und/oder ihrem persönlichen *Profit*. Diese Menschen habe ich im Visier; deshalb machen sie, obwohl sie die kleinste Tätergruppe darstellen, die Mehrheit *meiner* Fälle aus.

LEGGEWIE: *Was meinen Sie mit »böse«?*

VACHSS: »Böse« ist für mich eine Sache der *freien Entscheidung.* »Böse« ist etwas, das man *willentlich* tut. »Böse« heißt, daß man das eigene Vergnügen, den eigenen Genuß oder gar den eigenen Profit über die Grundrechte anderer Menschen stellt. Ich rede hier nicht von Dieben oder Hochstaplern, ich rede von Menschen, die jedes Verbrechen begehen, von Körperverletzung über Vergewaltigung bis hin zum Mord, einfach, um sich zu befriedigen oder Kasse zu machen oder beides. Das ist für mich böse.

LEGGEWIE: *Strafrechtler und Rechtswissenschaftler halten es für einen gewaltigen Fortschritt, daß sie nicht mehr vom Bösen und von bösen Menschen reden müssen. Ein Übeltäter ist für sie ein Mensch, der gegen gesetzte und rechtsstaatlich garantierte Regeln verstoßen hat und der mittels einer gerichtlich verhängten Strafe an seine Verpflichtung zur Anerkennung der sozialen Ordnung erinnert wird.*

VACHSS: Wenn ich das Wort »böse« benutze, regt sich jeder auf. Die Linken werden nervös, die Rechten werden wütend. Weder die eine noch die andere Reaktion kann etwas an der Wahrheit ändern. Böse zu sein ist eine freie Entscheidung. Ein Beispiel: Wenn sich Gefühle und Phantasien eines Menschen um sexuelle Übergriffe auf Kinder drehen, dann ist dieser Mensch »krank« – aber wenn er diese Gefühle in die Tat umsetzt, dann ist er »böse«. Ich unterscheide immer zwischen »pädophil«, was ein Geisteszustand ist, und »aggressiv pädophil«, was eine Verhaltensweise ist.

Einen Menschen, der keine Wahl hat, würde ich nicht als böse bezeichnen. Aber die Menschen, gegen die ich arbeite – bei denen ist klar, daß sie die Wahl hatten, immer wieder, und daß sie den Weg, den sie eingeschlagen haben, freiwillig gewählt haben.

DAS BÖSE, DAS ANOMISCHE, DAS KRIMINELLE

LEGGEWIE: *Aber was ist daran kriminell im juristischen Sinne? Worin besteht genau das Verbrechen der Kindesmißhandler? Das Böse ist doch eher ein moralischer oder religiöser Begriff.*

VACHSS: Das sagen Sie – und die meisten Menschen würden Ihnen zustimmen. Ich dagegen sage, »böse« ist genauso diagnostizierbar wie ein körperlicher Schaden oder eine Geisteskrankheit. Wäre Ihnen ein Euphemismus lieber wie … »Soziopath«? Wird die Sache dadurch besser?

LEGGEWIE: *Oder »abweichend«? Überhaupt nicht! Ich will nur wissen, wie Sie das, was Sie als Taten von Übeltätern, Bösewichten und Scheusalen deklarieren, in die wertneutrale Sprache eines Straf- oder Zivilprozesses übersetzen.*

VACHSS: Ganz einfach. Ob jemand »böse« ist, muß ich vor Gericht nicht nachweisen, ich muß *Taten* nachweisen. Ein Prozeß ist kein literarisches Streitgespräch – mit Adjektiven gewinnt man keine Prozesse, also verschwende ich meine Zeit nicht damit. Vor Gericht benutze ich niemals einen Begriff wie »böse«. Ich erkläre Ihnen hier nur meine persönliche Motivation für das Gefecht: Wer ist mein Gegner – ein »kranker« Mensch oder ein »böser«?

LEGGEWIE: *Er wird sagen: Ich bin krank.*

VACHSS: Im ersten Stadium geht es darum, zu beweisen, daß die Taten geschehen sind. Begriffe wie »krank kontra böse« kommen erst später ins Spiel. Wenn ein Ver-

brechen an einem Kind damit verteidigt wird, daß der
Täter »krank« sei, dann muß ich eben nachweisen, daß
er es nicht ist. Es wird immer behauptet, »Pädophilie«
und dergleichen seien »Krankheiten« – solche Krankheit gibt es nicht. Die Tatsache, daß ein paar Psychiater
sich zusammengesetzt und aus politischen Erwägungen
beschlossen haben, daß ihnen das Wort gefällt, ändert
nichts an meiner Meinung.

LEGGEWIE: *»Pädophilie« heißt wortwörtlich übersetzt:
»Liebe zu Kindern«.*

VACHSS: Für mich ist das obszön – wie kann sich jemand, der ein Baby penetriert, »kinderlieb« nennen?!
Die Psychiatrie tut nun Folgendes: Sie gibt dem Bösen
einen komplizierten Namen, sie beschönigt es, um uns
zu beruhigen. Kein Psychiater, der etwas auf sich hält,
wird behaupten, er könne einen Soziopathen »heilen«
– wie kann denn von Krankheit die Rede sein, wenn
keiner auch nur nach einer »Heilmethode« sucht? Her-
gott nochmal, die haben ja nicht mal hypothetisch eine
Behandlungsmethode.

Wenn man über die Psychiatrie und das Böse reden
will, muß man über das *Vokabular* reden. Es steht völlig
außer Frage, daß derjenige, der Begriffe inhaltlich definiert, potentiell die gesamte Gesellschaft beherrscht. In
diesem Land sind durch die geschickte Manipulation
von Begriffen wie »unamerikanisch« oder »Kommu-
nist« ganze Lebensläufe geprägt – und zerstört – worden.

Die Definitionen der Psychiatrie findet man im sogenannten DSM, dem *Diagnostic and Statistical Manual
of Mental Disorders* (Diagnostisches und statistisches
Handbuch der Geisteskrankheiten), einem dicken Wäl-
zer, der von der American Psychiatric Association her-
ausgegeben wird. Das »DSM« erscheint fortlaufend und
wird ständig ergänzt und überarbeitet, um den jeweils

aktuellen Stand zu dokumentieren. Soeben ist die vierte Auflage herausgekommen.

LEGGEWIE: *Und wie lauten die neuesten Erkenntnisse der Psychiater?*

VACHSS: Nun ja, in früheren Ausgaben des DSM wurde Homosexualität als Krankheit bezeichnet. Inzwischen sind die Psychiater von der Realität eingeholt worden und haben Homosexualität als Krankheitsbezeichnung getilgt. Dafür haben sie allerdings die »dystonische Homosexualität« aufgenommen. Damit ist gemeint, daß es Leute gibt, die psychisch sehr stark unter ihrer Homosexualität leiden. Wenn etwas für jemanden »dystonisch« ist, dann beeinträchtigt es ihn auf allen Ebenen, es tut ihm *weh* ... der Betreffende möchte es unbedingt ändern.

LEGGEWIE: *Anders ausgedrückt: Es gibt einige wenige Homosexuelle, die lieber nicht schwul wären.*

VACHSS: Und nur bei dieser winzig kleinen Gruppe würde die Schulpsychiatrie es mit einer »Therapie« versuchen. Worin besteht nun diese »Therapie«? Im wesentlichen soll sie dem Betroffenen helfen, mit der Realität zurechtzukommen, und zielt nicht auf »Veränderungen« ab. Statt dessen soll der Betroffene lernen, sich zu zu akzeptieren, wie er ist – wobei es vorrangig um den Abbau von Streß geht.

Nun gibt es vieles, was der einzelne als dystonisch empfinden kann: Alkoholismus, Drogenabhängigkeit, Eßstörungen ... was weiß ich. Und wenn ein Mensch zu der Einsicht kommt, daß es ihm reicht, wenn er erkennt, daß sein Verhalten ihm und seinem Nächsten schadet, wenn er beschließt, daß er aufhören will ... dann stehen ihm viele unterschiedliche Wege offen. Einzeltherapie, Selbsthilfegruppen ... sobald jemand zu dieser Einsicht gelangt ist, fängt er an, sein Verhalten zu ändern.

LEGGEWIE: *Zurück zum Bösen!*

VACHSS: Ich weiß, wir reden hier über das »Böse«, ich habe durchaus nicht das Thema gewechselt. Aber ich muß, genau wie vor Gericht, eine Grundlage schaffen, bevor ich Sie zu überzeugen versuche. In Ordnung: Sie wissen jetzt, was »dystonisch« heißt, also können Sie auch verstehen, warum ich nicht daran glaube, daß Pädophile »therapiefähig« sind. Die Leute, die sich auf die Behandlung von Kinderschändern spezialisiert haben, bekommen ihre Patienten von allen möglichen Institutionen, aber all diese Stellen haben denselben Ausgangspunkt – das Strafrechtssystem. Verstehen Sie? Pädophile kommen nicht einfach »rein« und bitten um Behandlung. Sie selbst empfinden ihr Verhalten nicht als »dystonisch« – sie mögen sich so, wie sie sind, und genießen das, was sie tun. Therapie wird für einen Pädophilen erst dann zum Thema, wenn er vor Gericht oder vor dem Bewährungsausschuß steht – wenn seine Freiheit auf dem Spiel steht.

LEGGEWIE: *Warum »lieben« Pädophile Kinder?*

VACHSS: Vor Gericht muß ich beweisen, *daß* jemand einem anderen etwas angetan hat – ich muß nicht beweisen, *warum* er es getan hat. Das Motiv spielt erst dann eine Rolle, wenn er seine Handlungsweise zu »erklären« versucht. Meine Aufgabe ist es, dafür zu sorgen, daß die Gerichte nicht die Begriffe »krank« und »krank machend« verwechseln – denn die sind durchaus nicht identisch.

LEGGEWIE: *Für mich besteht die besondere Untat darin, daß die Täter, meistens ja Eltern, Nachbarn oder Leute, denen man die Kinder anvertraut hat, deren vollständige* Abhängigkeit *ausnutzen.*

VACHSS: Aber meiner Ansicht geht es dabei nicht um Abhängigkeit, sondern um Macht. Macht ist ein viel stärkerer, treffenderer Begriff. Kinder, die buchstäblich zur Kriminalität erzogen werden, sind der Macht desjenigen, der sie mißbraucht, voll und ganz ausgeliefert und nicht einfach von ihm »abhängig«. Es geht nicht nur um Nahrung, Kleidung und Unterkunft – viel stärker wirkt da die emotionale und psychische Kontrolle. Denn die Wahrheit ist doch: Wenn diese Methoden der Beherrschung angewendet, aufrechterhalten und verstärkt werden, sind sie ein Leben lang wirksam. Es gibt Menschen, die inzwischen erwachsen sind und die Schrecken ihrer Kindheit immer wieder durchleben, immer neu erfahren. Sie sind keine Kinder mehr, niemand kann sie *physisch* zu etwas zwingen, doch die Prägung, die Programmierung hat stattgefunden, als sie am verwundbarsten waren ... und sie hängt ihr ganzes Leben lang über ihnen wie eine schwarze Wolke.

Meiner Ansicht nach ist Macht das eigentliche Anliegen. Und je näher der Machtausübende dem Kind steht, desto eher kann er einen großen, bleibenden Schaden anrichten. Deswegen erholen sich Kinder im allgemeinen viel schneller – und gründlicher – von Übergriffen durch Fremde als von Übergriffen durch die eigenen Eltern.

LEGGEWIE: *Sexuelle Beziehungen zwischen erwachsenen Menschen sind auch immer Machtverhältnisse.*

VACHSS: Sicher, aber aller pädophilen Propaganda zum Trotz, können Kinder sich nicht »sexuell selbstbestimmen«. Sagen Sie selbst, ist das nicht ein krasser Fall von doppelter Moral, wenn in einem Land Kinder zwar nicht den Führerschein machen, keine Verträge unterschreiben, keine Zigaretten und keinen Schnaps kaufen und natürlich auch nicht wählen dürfen, wenn Kinder also per Gesetz total entmündigt sind, aber sexuell sollen sie sich »selbstbestimmen« können?! Das ist doch einfach absurd.

Einer der Gründe, weshalb wir Kindern das »sexuelle Selbstbestimmungsrecht« verweigern, ist doch, daß ihnen die Reife fehlt, sachkundig darüber zu entscheiden, was ihren Interessen dient. Aber Kinder sind sehr leicht zu manipulieren, vor allem dann, wenn ein Pädophiler mit seinem Gewäsch von »Erfüllung« anfängt. Ein Beispiel? Ein Mann mittleren Alters verleitet eine Schülerin, einen Teenager, zu einer »Beziehung«. Was für Adjektive möchte ein junges Mädchen am liebsten hören? Klar, es will »erfahren« oder »reif« oder »erwachsen« wirken. Folglich fühlt es sich durch diese Begriffe unerhört geschmeichelt ... aber die einzig treffende Bezeichnung für das junge Mädchen ist »Opfer«.

Die gewohnheitsmäßigen Kinderschänder, die sich in Clubs, Vereinen und politischen Interessengruppen organisiert haben, reden immer von »sexueller Selbstbestimmung« und bezeichnen die Schändung als »schöne, auf Gegenseitigkeit beruhende Liebesbeziehung zwischen einem Mann und einem Kind«. Das ist eine Lüge, eine verbrecherische Lüge.

Aber hier geht es nicht um Glaubensfragen, sondern um Pragmatismus. Wir alle, die ganze Gesellschaft, zahlen den Preis für Kinderschändung, weil nämlich nicht wenige dieser Kinder, wenn sie groß sind, ihre Unterdrücker nachahmen und selbst Kinder mißbrauchen. Wir erleben doch ständig die Folgen. Und die Ursache ist immer dieselbe – Machtmißbrauch.

LEGGEWIE: *Und sie ist deswegen so perfide, weil sie durch erschlichene Nähe und vorgetäuschte Freundschaft ausgeübt wird.*

VACHSS: Absolut richtig. Bei 90, 95 Prozent aller Sexualverbrechen an Kindern ist der Täter jemand, den das Kind kennt. Wenn es nicht die Eltern selbst sind, ist es meist jemand, dem die Eltern vertrauen – und dieses Vertrauen bedeutet eine enorme Macht. Ein Lehrer, Pfadfinderführer oder Fußballtrainer steht *in loco parentis* – das heißt, er nimmt die Stelle der Eltern ein und erwartet Respekt und Gehorsam – und er hat sehr reale Möglichkeiten, Autorität und Macht auszuüben. Kindesmißbrauch wird in der überwältigenden Mehrzahl der Fälle von Menschen, die dem Opfer nahestehen, verübt. Wir sagen immer: Nicht der Fremde ist am gefährlichsten. Gewiß gibt es auch herumziehende Vergewaltiger, die beliebig zuschlagen und sich ihrem Opfer ohne vorherige »Eingewöhnungsphase« nähern. Aber solche Täter sind eine kleine Minderheit.

LEGGEWIE: *Und es sind meistens Männer?*

VACHSS: Mit Wörtern wie »meistens« habe ich meine Schwierigkeiten. Eins der Probleme bei dieser Arbeit ist, daß man ständig im dunkeln tappt – sämtliche Statistiken sind letztlich Projektionen oder Extrapolationen, keine wissenschaftlich exakten Analysen von Daten. Wenn Sie mit »meistens« mehr als die Hälfte meinen, stimme ich ihnen vollkommen zu. Sowie Sie aber differenzieren wollen, von 80 Prozent oder mehr sprechen, bin ich mir nicht mehr so sicher. Frauen machen einen nicht genau bekannten, aber gewiß erheblichen Prozentsatz aus. Ich weiß, daß es weibliche Kinderschänder gibt. Und weibliche »Pädophile«, Frauen, die sich an der Herstellung von Kinderpornographie beteiligen, Frauen, die ihre eigenen Kinder vermieten oder verkaufen und von anderen sexuell ausbeuten lassen. Oh ja, ich kenne solche Frauen auch persönlich – ich bin einer begegnet, die war so böse, daß sie, bevor sie an AIDS starb, zwei ihrer minderjährigen Kinder dazu gezwungen hat, Geschlechtsverkehr mit ihr zu haben, und natürlich haben sich beide mit dem Virus infiziert. Ich weiß nicht, wie hoch der Prozentsatz der weiblichen Täter ist, aber man kann beim besten Willen nicht behaupten, daß sich nur Männer an Kindern vergehen.

LEGGEWIE: *In Deutschland heißt es, daß fast hundert Prozent der Täter beim Mißbrauch von Mädchen und bei Jungen mehr als vier Fünftel männlichen Geschlechts sind. Aber die Frage nach dem sexuellen Mißbrauch durch Frauen wird ja auch erst neuerdings systematisch gestellt.*

VACHSS: Das ist auch richtig so. Nehmen wir mal einen »typischen« Fall von Inzest. Der Vater verkehrt mit seiner Tochter seit deren sechstem Lebensjahr. Er wird erwischt und festgenommen. Die Mutter wird höchstwahrscheinlich nicht belangt. Wenn ich kleine Kinder frage: »Hat deine Mutter es gewußt?«, dann sagen viele: »Sie *muß* es gewußt haben.« Die Tatsache, daß jemand nicht belangt wird, bedeutet also nicht, daß er nicht an der Tat beteiligt war. Ich will durchaus nicht behaupten, daß alle Frauen, deren Männer inzestuöse Beziehungen haben, Komplizinnen sind. Aber manche machen sich zweifellos dazu.

LEGGEWIE: *Also täuschen sich die Feministinnen? Sie sagen: Wenn auch Frauen Kinder mißbrauchen, tun sie das in der Regel als untergeordnete Komplizinnen eines Mannes, meist des Ehemannes und Kindes- oder Stiefvaters.*

VACHSS: Das ist so, als würde man sagen: Die »meisten« bewaffneten Raubüberfälle werden von Männern begangen. Das ist sicherlich richtig, aber was soll's? Eine Zuordnung ist keine Analyse. Angenommen, ein Mann kommt in einer dunklen Straße auf Sie zu, zieht eine Schußwaffe und fordert Ihr Geld. Sie weigern sich. Der Mann zieht Ihnen mit der Pistole ordentlich eins über und nimmt sich das Geld. Laut Gesetz wäre das ein »bewaffneter Raubüberfall«. Jetzt setzen wir mal exakt die gleichen Umstände voraus, doch diesmal händigen Sie ihm die Brieftasche aus. *Nachdem* er Ihr Geld eingesackt hat, haut Ihnen der Kriminelle mit der Pistole eins über den Schädel. Laut Gesetz wäre das ebenfalls ein »bewaffneter Raubüberfall«. Aber obwohl beiden Kriminellen genau das gleiche Verbrechen zur Last gelegt wird, ist ihre Motivation diametral entgegengesetzt: Der eine war bereit, Gewalt anzuwenden, um sich Geld zu beschaffen, während der andere Freude an der Gewalt hatte … das Geld war nur zweitrangig. Selbst wenn man jene mißhandelten Frauen außer acht läßt, die ebenso wie ihre Kinder der Macht ihrer Männer unterworfen sind, bleiben *dennoch* einige weibliche Täter, die aus eigenem Entschluß handeln und aus persönlichen Motiven. Dazu gehört auch das Geld.

LEGGEWIE: *Trotzdem, weil schwere physische Gewalttaten überwiegend aufs Konto von Männern gehen, sehen Feministinnen sexuellen Mißbrauch generell als Ausdruck einer männlich dominierten Sexualität, als Symbol einer maskulin deformierten Gesellschaft.*

VACHSS: Hören Sie, ich bin zu pragmatisch und zu sehr in den eigentlichen Kampf verwickelt, um zu theoretisieren. Nehmen wir mal an, sie hätten recht – ja und dann? Für mich hat das wenig mit dem Kampf gegen das Böse zu tun. Mir kommt es vor wie eine Art »intellektueller« Freizeitgestaltung. Für Leute, die in Cafés rumhocken, Zigaretten rauchen und an ihren Drinks nippen – für die ist das doch die reine Selbstbeweihräucherung, wenn sie sich etwa fragen, ob wir in einer männlich-dominierten Kultur leben. Natürlich tun wir das – darüber gibt es überhaupt keine »Diskussion«. Aber wie sich Kulturen entwickeln, das hängt von zahlreichen Faktoren ab. So mag es zwar sein, daß es in Tokio weniger Rassenkonflikte gibt als in New York, aber das heißt nicht unbedingt, daß New York eine rassistische Stadt ist – es könnte auch sein, daß Japan eine homogenere Gesellschaft hat. Oder beides. Ich halte das für eine Behauptung, aus der jeder halbwegs gute Redner Argumente für beide Seiten ableiten kann.

LEGGEWIE: *Aber sie mögen keine akademischen Debatten?*

VACHSS: Es ist nicht mein Job, die Ursache sämtlicher Probleme auf diesem Planeten zu diskutieren. Ich bekämpfe nicht den Kindesmißbrauch, ich kämpfe gegen Menschen, die *Kinder mißbrauchen* – das ist ein großer Unterschied. Meine Aufgabe ist in erster Linie, die Kinder zu beschützen, die ich vertrete. Ich will, daß auch andere beschützt werden. Ich glaube, daß ich, genau wie ein Polizist, der, wenn er einen Kriminellen festnimmt, die Kriminalität an sich bekämpft, nicht einfach nur einen Fall zur Anklage bringe, sondern schon etwas mehr bewirke. Ich habe größere Ziele; die Gesetzgebung ist dabei nur eine Sache. Sich zu sehr auf akademische Diskussionen einzulassen, halte ich für eine Verschwendung meiner kostbaren Zeit. Ich bin nur bereit zu diskutieren, wenn für den Sieger etwas dabei rausspringt – wenn sich tatsächlich etwas ändert. Alles andere mag zwar unterhaltsam sein, aber ich glaube nicht, daß es uns eine Lösung zu bieten hat.

LEGGEWIE: *Okay, Sie möchten niemanden unterhalten. Aber Ihre Romane sind ohne Zweifel äußerst kurzweilig, und der ganze Komplex sexueller Mißbrauch ist mittlerweile, in den USA wie in Europa, ein (ziemlich perverses) Stück Unterhaltung!*

VACHSS: Das weiß ich. Das sehe ich, ja. Und es widert mich an. Bei uns in Amerika stößt man immer wieder auf scheinheilige Zeitungsartikel, die fordern, daß die Medien irgendein armes, sexuell mißbrauchtes Kind in

Frieden lassen sollen ... und dann drucken sie ein Foto dieses Kindes aufs Titelblatt! Als ich angefangen habe, Romane über Kindesmißbrauch zu schreiben, waren die Leute schockiert, sie waren entsetzt, sie haben gefragt: »Wie konntest du nur so was schreiben?« Heute ist Kindesmißbrauch in Romanen etwas ganz Alltägliches, in der sogenannten »Krimiliteratur« beinahe schon ein üblicher Bestandteil der Handlung.

LEGGEWIE: *Also kein Entertainment?*

VACHSS: Vielleicht stoße ich mich bloß an dem Begriff »Unterhaltung«. Ich gebe zu, daß meine Romane genug erzählerischen Sog entwickeln müssen, damit der Leser das Buch *fertig* liest und nach mehr verlangt. Was nützt ein Trojanisches Pferd, wenn man's nicht in die Festung reinkriegt?

SEXVERBRECHEN FÜR JEDERMANN

LEGGEWIE: *Krimiautoren müssen ihre Plots vielleicht immer »realistischer« gestalten, damit sie noch beim Publikum ankommen, aber dazu später. Haben Sie erst noch ein Beispiel aus Ihrer Praxis, vor allem aus der Zone, die ich jetzt das »organisierte Verbrechen« mit Sexualität nennen möchte, zum Beispiel kommerzielle Kinderpornographie oder quasi gewerbsmäßig, im großen Stil betriebener Mißbrauch von Kindern?*

VACHSS: Ich habe ein Kind vertreten, das sich vor einer ganzen Runde Pädophiler sexuell betätigen mußte, die alles auf Video aufnahmen. Wir hatten keine Ahnung davon – wir wußten nur, daß das Kind auf irgendeine Weise mißbraucht worden war –, bis eines Tages ein Fernsehteam in dieses Center kam, wo einige meiner Patienten behandelt werden, und dort etwas filmen wollte, was nichts mit diesem Kind zu tun hatte. Als der Junge die Videokameras sah, bekam er einen katatonischen Anfall; er konnte sich nicht mehr rühren, und *da* wurde uns klar, daß er mit einer Videokamera gefilmt worden sein mußte. Ich habe andere Kids gesehen, die phobisch reagierten, sowie sie eine Polaroidkamera sahen, oder von Kopf bis Fuß zitterten, wenn das Wort »Bild« fiel. Andere Kinder haben andere Auslöser, manchmal so harmlose Wörter wie »Keller« oder »Tanzen«. Wenn der verbale Auslöser betätigt wird, reagiert das Kind spontan, ohne bewußtes Denken.

LEGGEWIE: *Einen Camcorder besitzt ja heute fast jeder.*

VACHSS: Ja. Heutzutage wird Kinderpornographie im wesentlichen in Heimarbeit hergestellt. Es ist nicht

mehr wie früher, als Pornographie riesige Produktions-
anlagen brauchte. Damals mußten diese Verbrecher ein
ganzes Netz von Mitverschworenen haben, um ihren
Dreck zu produzieren – einen guten Kameramann,
spezielle Beleuchtung, ein Labor zum Entwickeln und
Kopieren, komplizierte Tontechnik ... und so weiter.
Heute kann sich jeder eine Videokamera kaufen, sie auf
jemanden richten ...

LEGGEWIE: ... *endlich die Demokratisierung des Sexual-
verbrechens!*

VACHSS: ... im Grunde ist das wahr – schrecklich, aber
wahr. Und Kinderschänder können heute weitaus ge-
schützter agieren, weil sie ihre ekelhafte Ware nicht
mehr per Post verschicken müssen, sondern einen privaten Kurierdienst benutzen können. Oder sie vertrei-
ben sie über ein Modem, an dessen anderem Ende irgendein Computerfreak sitzt und das Zeug einfach aus
dem Laserdrucker rauslaufen läßt. Simple Technik.

LEGGEWIE: *Zum Teufel mit den Neuen Medien und Da-
tenhighways?*

VACHSS: Die Technik ist neutral. Man kann sie zum Guten wie zum Bösen verwenden. Aber es stimmt, daß die
Polaroidkamera die Kinderpornographie mehr verändert hat als alles andere. Wenn Leute sagen, es sei »mehr«
geworden – ich weiß nicht. Sind mehr Leute daran *beteiligt*? Sicher, sicher. Wenn man sich klarmacht, daß
viele Kinderpornographie produzieren, ohne selbst pädophil zu sein, dann bekommt man eine gewisse Vorstellung von dem *Markt* für solche Sachen. Das sollte eigentlich jeden moralischen Menschen auf diesem Planeten erschrecken – und ihn wütend machen.

LEGGEWIE: *Besteht nur noch ein gradueller Unterschied*

zwischen den familiären Inzestaffären im intimen, privaten Kreis und der organisierten Kinderpornographie? Oder muß man von einem zum anderen noch einen entscheidenden Schritt tun?

VACHSS: Bei dem, was Sie beschreiben, gibt es bereits zu viele Überschneidungen. Ich habe Fälle von, wie Sie es nennen würden, »sexuellem Mißbrauch in der Familie« erlebt, wo die »Familie« quasi nebenher Filme produziert und dabei gleich noch ein paar andere Leute in den Kreis aufgenommen hat. Ich hatte mit Inzestfällen zu tun, in die vier Generationen einbezogen waren ... wo jede der Töchter irgendwann von zu Hause ausgezogen ist, Kinder bekommen und sie dem eigenen Vater gebracht hat – gleichsam als Opfergabe. Und natürlich fing damit der Kreislauf wieder von vorn an.

LEGGEWIE: *Auch in deutschen Fällen war es oft anfänglich nur ein kleiner Schritt vom »privaten« Mißbrauch in einer Familie und der späteren Einbeziehung einer unglaublichen Menge von Leuten aus der Umgebung und der abgebrühten Vermarktung des dabei geschossenen Foto- und Filmmaterials. Vor Gericht wirkten alle überaus naiv ...*

VACHSS: Ja, Täter, die im weitesten Sinne zur Familie gehören, sind nicht annähernd so raffiniert kriminell wie die Produzenten von professioneller Kinderpornographie – aber das Ziel ist genau dasselbe. Wenn jemand sein eigenes Kind vergewaltigt und dieses Verbrechen zu seinem eigenen Vergnügen filmt – wie groß ist dann der Schritt, wenn er diesen Film auch noch verkauft? Das ist gar nichts (schnippt mit den Fingern) – überhaupt nichts. Mit Moral hat das nichts zu tun, nicht für diese Bestien. Die schlimmste Grenze, die jemand überschreiten kann, ist die von Gott, der Natur und dem Gesetz gemeinsam gezogene. Wer mit seinem eigenen

Kind sexuell verkehrt, verstößt gegen jede Religion, gegen jedes Rechtssystem, das ich kenne, und er verstößt ebenso gegen jedes biologische Gesetz – gesunde Tiere begehen keinen Inzest. Wir wissen, daß inzestuös gezeugte Kinder genetische Schäden davontragen können ... übrigens ein interessanter Aspekt des Nationalsozialismus.

LEGGEWIE: *Was hat Kinderpornographie mit Nationalsozialismus zu tun?*

VACHSS: Wer wirklich eine »Herrenrasse« schaffen will, der kann kein »verunreinigtes« Blut gebrauchen. Die einzige Möglichkeit, dies zu gewährleisten, ist Inzucht – bei der letzten Endes natürlich genetische Krüppel herauskommen. Dahinter steht dieselbe widersinnige Logik, wie wenn ein Perverser ein Kind vergewaltigt und das als »Liebe« bezeichnet.

LEGGEWIE: *Sie müssen sich irgendwann gefragt haben: Warum tun Leute so was? Welche Leute sind dafür besonders anfällig oder prädestiniert?*

VACHSS: Es gibt keinen biologischen Code für Kinderschänder, notorische Vergewaltiger und Mörder – einfach keinen. Wir sind so, wie wir erzogen worden sind. Natürlich sind wir, was die Intelligenz, die Größe, die Augenfarbe und so weiter angeht, genetisch unterschiedlich. Aber mir ist noch nie – ich will damit nicht sagen, daß es so was nicht gibt, aber ich habe nie einen kennengelernt oder von einem gehört – ein Serienmörder, ein vielfacher Vergewaltiger oder chronischer Kinderschänder untergekommen, der als Kind nicht ebenfalls entsetzlich mißhandelt worden ist.

LEGGEWIE: *Die Täter ahmen nach und halten sich für einen »Seelenmord« schadlos, der ihnen selbst widerfahren ist.*

VACHSS: Das entschuldigt gar nichts – eine Erklärung ist keine Rechtfertigung. Auf jedes furchtbar mißbrauchte Kind, das später zum Serienmörder wird, kommen Tausende Mißbrauchte, die sich *standhaft weigern*, es ihren Unterdrückern gleichzutun. Deshalb sage ich ja, daß es die freie Entscheidung gibt. Deswegen glaube ich ja, daß dies so entscheidend für das menschliche Verständnis ist. Wer nicht bereit ist zu sagen: Verhalten ist eine Frage der freien Wahl, der mißachtet all jene, die so entsetzlich behandelt wurden und es trotzdem schaffen, ein moralisch einwandfreies Leben zu führen. Das an sich ist Heldentum in höchster Vollendung. Wenn Sie sagen, freie Entscheidung gibt es nicht, entschuldigen Sie vielleicht die Bestien, aber Sie beleidigen auch die Helden. Das wäre für mich unvertretbar.

Manchmal können wir früh genug eingreifen und so die Entscheidung beeinflussen. Manchmal können wir den Pfad ein bißchen verändern, den ein mißbrauchtes Kind später, als Erwachsener, beschreitet. Der Prozeß ist vergleichbar mit einem Eimer Wasser, in den man eine Zementmischung schüttet. Für einen gewissen Zeitraum nimmt der Zement jede gewünschte Form an, solange man vorsichtig und geschickt vorgeht. Deswegen ist es durchaus sinnvoll, mit Straftätern zu arbeiten, solange sie jung sind. Wenn man früh genug (und kompetent genug) eingreift, kann man immer noch etwas erreichen. Aber wenn der Zement hart wird ...

LEGGEWIE: *In welchen Fällen ist eine Korrektur noch möglich?*

VACHSS: Ich habe einen Jungen vertreten, der noch keine neun Jahre alt war, aber nach dem raffiniertesten soziopathischen Plan vorging, den Sie sich vorstellen können. Wissen Sie, was der gemacht hat? Er ging in ein Kaufhaus, ein sehr hübscher, charmanter Junge in seinem kleinen Matrosenanzug, und wartete vor den öffentlichen Toiletten. Er wartete den ganzen Tag lang, bis er ein Opfer sah. Für ihn war das perfekte Opfer eine junge Frau mit einem etwa dreijährigen Jungen, und die hat er dann beobachtet ...

LEGGEWIE: *Klingt wie ein Script für einen neuen Vachss-Krimi.*

VACHSS: Wenn Sie damit die harte Wahrheit meinen, sicher – aber der Junge hat mir das alles selbst erzählt. Am Gesichtsausdruck der jungen Frau konnte er sehen, daß sie unsicher war – ihr Sohn ist eigentlich schon zu groß, um mit ihr aufs Damenklo zu gehen, aber noch zu klein, um allein aufs Männerklo zu gehen. Dann tritt dieser hübsche Knabe in seinem Matrosenanzug auf. Er hebt die Hand: »Madam, soll ich mit ihm reingehen? Ich mache das immer mit meinem kleinen Bruder.« Und die Frau sagt: »Wie reizend, was für ein höflicher kleiner Kerl.« Und sie übergibt ihm ihr Kind, und sie wartet und wartet und wartet – dann, als die beiden ewig nicht rauskommen, kriegt sie Angst und stürzt selbst rein ... und da liegt ihr kleiner Junge auf dem Boden, weint, und aus seinem Mund kommt Flüssigkeit. Das hintere Fenster steht offen, und mein Mandant ist weg. Er hat das immer und immer wieder gemacht.

LEGGEWIE: *Was hat er dabei empfunden?*

VACHSS: Als ich ihn gefragt habe, sagte er, es sei ihm wie diesem Tisch gegangen (klopft auf den Tisch): Er hat einfach gar nichts gefühlt. Ich habe gefragt: »Warum machst du das?« Er: »Na ja, weil das Dreckschweine sind.« Dann hat sich Folgendes herausgestellt: Sein Vater hat diese Form von Gewalt nicht nur an seiner Mutter, sondern auch an ihm verübt und dazu gesagt: Ihr seid Dreckschweine, ihr macht, was ich sage, ich bin der Boß.

LEGGEWIE: *Er wollte es ihm nachtun.*

VACHSS: Er wollte vor allem selbst Macht haben. Er hat versucht, sich gegen Unterdrückung zu wehren, indem er sich selbst zum Unterdrücker machte – um so sicher zu sein. In seiner Welt gab es nur: fressen oder gefressen werden – entweder ist man der Räuber oder man ist die Beute. Für diesen Jungen ist es vielleicht schon zu spät, vielleicht auch nicht. Aber er verdient jede Hilfe, die wir ihm anbieten können, sonst verhärtet er zur Bestie, der man nie mehr helfen oder Einhalt gebieten kann.

LEGGEWIE: *Und der Vater?*

VACHSS: Dem kann keiner helfen. Und es war ganz offensichtlich schon zu spät, ihm Einhalt zu gebieten.

LEGGEWIE: *Also ergibt sich Kindesmißbrauch aus einer Art Kettenreaktion, vom Vater auf den Sohn, von der Mutter auf die Tochter?*

VACHSS: So einfach ist das nicht. Eine Kettenreaktion verläuft linear – Kindesmißbrauch hingegen multipliziert sich. Dabei heißt es nicht eins plus eins, sondern eins plus *drei*, und dann drei *mal* fünf und so weiter. Sicher, der eigentliche Schmelztiegel ist die Familie. Aber wie schon gesagt, es gibt jede Menge Kinder aus guten Familien, die zu Bestien werden, weil sie von einer Vertrauensperson außerhalb der Familie mißbraucht wurden. Manchmal richtet sich die Wut über das, was ein Mensch getan hat, einer, dem man vertraut hat, auf die ganze Gesellschaft. Die Brutstätte für Bestien ist also nicht unbedingt die Kernfamilie, es kann auch eine andere Konstellation sein, und auch hier gilt wieder: Je näher der Betreffende dem Opfer steht, desto vernichtender trifft der Schlag.

DIE GUTEN ALTEN ZEITEN...
WAREN AUCH NICHT BESSER

LEGGEWIE: *Nehmen die Fälle sexuellen Mißbrauchs tatsächlich zu, oder erfahren wir bloß mehr darüber – und unterliegen nur einer Art Täuschung durch Überinformation, daß die Welt immer schlimmer wird?*

VACHSS: Eigentlich nehmen wir nur etwas zur Kenntnis, was es immer gegeben hat. Ich will Ihnen eine Stelle aus diesem Artikel vorlesen: »Gegenwärtig hat es den Anschein, als würde die Zahl der jugendlichen Straftäter permanent ansteigen. Auf jeden Fall haben sowohl die Gewalttätigkeit als auch die Abscheulichkeit der Verbrechen zugenommen ...« Das hört sich doch an wie eine ziemlich drastische Aussage über heutige Jugendkriminalität, nicht wahr ...?

LEGGEWIE: *Aber es stammt aus dem Jahr 1835 oder so?*

VACHSS: Tatsächlich stammt das Zitat aus einem Artikel vom 6. Dezember 1954, der die Überschrift trägt: »Rebellen und Psychopathen«.

LEGGEWIE: *Die guten alten Zeiten also.*

VACHSS: Als Jugendliche noch »diszipliniert« wurden und so weiter.

LEGGEWIE: *Die Konservativen weltweit, auch ein Teil der amerikanischen Kommunitaristen, behaupten, daß die gesamte Gesellschaft auseinanderbricht, wenn die Familien zugrunde gehen.*

VACHSS: Ich glaube, die traditionellen Familienstrukturen sind tatsächlich zusammengebrochen, vorwiegend aus ökonomischen, aber auch aus anderen Gründen. Aber schon in einer Schrift wie der Bibel ist von Inzest die Rede, da wäre es ein bißchen naiv zu behaupten, daß eine solche Perversion erst seit kurzem vorkommt.

LEGGEWIE: *Die Bibel spricht vom Inzest, als wäre es die normalste Sache der Welt.*

VACHSS: Ja, aber »alltäglich« ist nicht unbedingt dasselbe wie »normal«. Inzest ist Vergewaltigung der Kindheit – Diebstahl an der Seele, die niederträchtigste Form des Verrats. Er ist in den unterschiedlichen Kulturen auf verschiedene Weise immer ein Tabu. Und vergessen Sie nicht, daß es beim biblischen Inzest um Inzest unter Erwachsenen geht – sexueller Mißbrauch von Kindern kommt nicht vor, vielleicht weil sich das biologische Inzuchtverbot offensichtlich nicht auf Kinder bezieht, da sie sich nicht fortpflanzen können.

LEGGEWIE: *Ganz Spitzfindige nehmen die Bibel und andere alte Quellen als Beleg, daß es »das« immer gegeben hat, als müsse man es hinnehmen wie ein Naturgesetz.*

VACHSS: In der Bibel wird es nicht »akzeptiert« – es wird nur als Teil des menschlichen Verhaltens erwähnt und verurteilt. Es geht nicht darum, ein solches Verhalten zu akzeptieren oder zu billigen, sondern darum, daß wir seine Existenz zugeben – genauso wie wir zugeben, daß es Vergewaltigung und Mord gibt. In der Bibel ist nur die *Tat* tabu, nicht das *Thema*. Und in dieser Hinsicht hat die Bibel recht. Wenn wir die Existenz des Bösen nicht zugeben, wie können wir es dann bekämpfen? Ich halte das ständige Gerede von der »guten alten Zeit« für Augenwischerei. Was Sexualverbrechen an Kindern angeht, so gibt es keinerlei Beweis, daß die »gute alte Zeit« jemals existiert hätte. Die Wahrheit ist vielmehr, daß die Presse Verhaltensweisen dieser Art damals noch nicht öffentlich gemacht hat; deshalb ist dieses Verhalten nicht ins Bewußtsein der Öffentlichkeit gedrungen. Meiner Meinung nach hat sich beispielsweise durch die Technik der Kindesmißbrauch nicht grundsätzlich verändert; die Technik hat nur dafür gesorgt, daß es heute mehr Praktiken des Kindesmißbrauchs gibt, aber die Zahl derer, die Kinder mißbrauchen, ist dadurch nicht größer geworden. Kindesmißbrauch hat es immer gegeben, und es wird ihn immer geben. Wir dürfen uns dadurch nicht entmutigen lassen – es muß uns im Gegenteil dazu bringen, ihn um so entschiedener zu bekämpfen.

LEGGEWIE: *Kindesmißbrauch paßt sich der Konsumgesellschaft an. Jeder Durchschnittsmann aus Europa und Nordamerika kann den Jet besteigen und sich in Südostasien kleine Kinder kaufen. In Kalkutta hat mir ein Türsteher einmal beim Verlassen des Hotels eine »frische zwölfjährige Jungfrau« angeboten, »spottbillig«. Das spricht sich im Weltdorf herum, und auch die Huren in den Großstädten des Nordens werden immer jünger. Die Familienväter sind nicht weniger »brav« geworden, aber sie haben mehr gehört und gesehen und können sich einen Trip nach Bangkok heute ohne weiteres leisten – genauso wie das Organ eines Menschen aus der Dritten Welt oder billige Rohstoffe von dort, oder Kinder.*

VACHSS: Natürlich. Der Kindesmißbrauch »bedient sich« moderner Methoden, das ist alles. Auch in diesem Land gibt es Leute, die an Pauschalreisen nach Südostasien, bei denen Sex mit Kindern auf dem Programm steht, teilnehmen. Eine eigene abgeschlossene Welt, eine sehr lukrative dazu, widmet sich nur dieser üblen Aktivität. Das ist eine solche Schande für das menschliche Geschlecht, daß spezielle Organisationen entstanden sind, die diesem üblen Treiben den Kampf angesagt haben. Ein gutes Beispiel dafür ist ECPAT (End Child Prostitution in Asian Tourism).*

Aber wenn normale Menschen Kinderpornographie sehen, verstehen sie nicht einmal deren Zweck. Kinderpornographie dient nicht dazu, Pädophile zu stimulieren – das ist nicht ihr eigentlicher Zweck.

LEGGEWIE: *Das ist mir auch schwer vorstellbar.*

VACHSS: Ein Pädophiler kann durch alle möglichen Bilder stimuliert werden, die man unmöglich verbieten kann. Ein Fußballspiel von Kindern, eine Werbung für Kinderschlafanzüge, ein Foto von spielenden Kindern am Strand ... die Liste ist endlos.

LEGGEWIE: *Und wozu wird Kinderpornographie in Wirklichkeit benutzt?*

VACHSS: Zuerst einmal zur Bestätigung. Das »Produkt« dient dazu, dem Täter zu versichern: »Es gibt andere, die genauso sind wie du. Du bist nicht der einzige, du bist kein Außenseiter – nein, so wie du bist, sind viele.« Und zweitens, um potentielle Opfer zu desensibilisieren. Wenn ein Pädophiler einem Kind Filme zeigt, in denen andere Kinder mit Erwachsenen geschlechtlich verkehren, wird das Bewußtsein des kindlichen Opfers von den immer wiederkehrenden Bildern überflutet. Das soll genau wie die Bestätigung für die Täter sagen: »Viele Kinder tun das. Es ist normal.« Ich habe mit Kindern gesprochen, die aus Familien herausgeholt wurden, wo man sie unglaublich mißbraucht hat – die war-

---

* ECPAT (End Child Prostitution in Asian Tourism) Die internationale Anschrift lautet: ECPAT, P.O. Box 178, Klong-chan, Bangkok, 10240 THAILAND. In AMERIKA: National Council of Churches – Asia Office, 475 Riverside Drive, Room 620, NYC 10115. In DEUTSCHLAND: ECPAT, Kampagne gegen Kinderprostitution im Zusammenhang mit Tourismus c/o Terre des hommes, Ruppenkampstr. 11a, 49084 Osnarbrück, Tel. 05 41-7 10 11 59

ren schockiert, als sie erfuhren, daß es nicht in allen Familien so zugeht wie in ihrer. Solange sie klein sind, ist ihr Zuhause ihre ganze Welt – sie sind perfekt eingekapselt und der Gnade ihrer »Besitzer« ausgeliefert. Die Welt eines Kindes ist sehr klein und kann von einem Menschen mit bösen Absichten sehr leicht verändert werden.

LEGGEWIE: *Kann man an der Verbreitung des Kindesmißbrauchs also keinen generellen »Zivilisationsverlust« belegen?*

VACHSS: Das war vor fünfhundert Jahren nicht anders. Ich glaube vielmehr, daß seit damals sehr wohl ein Fortschritt zu verzeichnen ist. Vor 500 Jahren gab es mit Sicherheit keine Kinder- und Jugendfürsorge; Verbrechen innerhalb der Familie wurden nicht strafrechtlich verfolgt, Kinder konnten verschoben werden wie Besitz, an einen Dienstherren verkauft ... ohne daß die Obrigkeit eingegriffen hat. Deshalb habe ich den Eindruck, daß – egal, wie scheußlich es heute auch zugehen mag – die Situation tatsächlich besser ist als früher. Und ich kann nichts mit denen anfangen, die sagen: »Es hat ja doch keinen Sinn, etwas zu unternehmen, weil sich langfristig sowieso nichts ändert.« Das ist einfach Quatsch. Ich meine, wir sind ein beachtlicher Fortschritt. Mein Leben, Ihr Leben, das sind mikroskopisch kleine Punkte auf diesem Planeten. Wir werden, historisch gesehen, nur sehr kurze Zeit hier sein. Aber trotzdem verändern wir etwas.

LEGGEWIE: *Wie war es, als Sie anfingen?*

VACHSS: Als ich mit diesem schweren Beruf anfing, haben wir, wenn ein Elternteil des sexuellen Mißbrauchs beschuldigt wurde, immer gebetet, daß eine Geschlechtskrankheit vorliegt – manchmal wurde nur eine derart unzweideutige Folge als echter »Beweis« dafür akzeptiert, daß dem Kind Schaden zugefügt worden war. Damals kam das Wort »Inzest« überhaupt nur in sozialwissenschaftlichen Fachzeitschriften vor. Und die Tatsache, daß Sie jetzt hier sind und mit mir über Kindesmißbrauch reden, ist an sich schon ein Beweis für diesen Fortschritt – vor 50 Jahren wäre das nicht passiert. So was geschieht nicht ohne gemeinsame Anstrengungen – man braucht ein Team. Auf Deutschland bezogen, heißt das für mich, einen Verlag, der meine Arbeit unterstützt, einen Lektor, der meine Vision teilt, und einen Übersetzer, der die Erfahrung und das Wissen hat, auf feine sprachliche Nuancen zu achten und die ursprüngliche Intention zu wahren. Mein Verlag: Eichborn; meine Lektorin: Doris Engelke; mein Übersetzer: Georg Schmidt ... sie alle haben entscheidenden Anteil an meinem Versuch, die Wahrheit zu verbreiten.

LEGGEWIE: *Wissen ist Macht?*

VACHSS: Aber lassen Sie sich nicht täuschen. Allen Klischees zum Trotz ist Wissen eben *nicht* Macht – zu wissen, wie man von Hamburg nach Frankfurt kommt, heißt noch nicht, daß man das Geld für den Zug hat.

LEGGEWIE: *Das klingt ja alles nicht sehr beruhigend. Für mich ist es schlicht eine Katastrophe, in den Berichten der Kinderschutzbünde zu lesen und mitanzusehen, was heute alles mit Kindern geschieht. Müßte man nicht ein neues, sicher unsentimentales, aber doch beispielgebendes, vorbildliches Bild der Kindheit entwerfen?*

VACHSS: Ich habe ein ganzes Buch darüber geschrieben: MIT JEDEM KIND WIRD DIE WELT NEU GEBOREN.

LEGGEWIE: *Was ist die Botschaft?*

VACHSS: Das ist schwer in wenigen Worten zu erklären, aber ich will's probieren. Der feste Grund, der absolute Unterbau unserer Gattung ist die *Pflicht der Eltern, ihre Kinder vor Schaden zu bewahren.* Diese Pflicht gilt für die Gesellschaft als Ganzes. Und darum bekommen wir immer wieder mit jeder Geburt, mit jedem Kind, eine neue Chance, eine neue Chance, unsere Kinder in Liebe aufzuziehen, sie zu beschützen. Eine neue Chance, es diesmal richtig zu machen.

LEGGEWIE: *Beschützen vor was?*

VACHSS: Schutz vor vorhersehbarem, absichtlich zugefügtem Leid. Man kann ein Kind nicht vor dem Sturz vom Fahrrad beschützen, aber man kann ihm einen Helm kaufen, der die Folgen mildert, wenn es fällt, klar? Man kann sehr wohl dafür sorgen, daß Kinder im Elternhaus sicher sind – das ist für mich die Grundlage für alles weitere. Haben Sie schon mal eine Hündin mit ihren Welpen gesehen? Kinder *beschützt* man, um Kinder *kümmert* man sich, Kinder *versorgt* man, Kinder zieht man von Anfang an so auf, daß sie eines Tages unabhängig werden und auf eigenen Füßen stehen. Das geht über den reinen Schutz vor den Elementen hinaus – das Kind hat auch ein Recht auf *moralische* Erziehung.

LEGGEWIE: *Das klingt gut. Aber die Eltern sagen: Wir* wollen *unser Kind doch schützen, wir tun alles Menschenmögliche, aber heute ist es viel schwerer als früher. In New York kannst du dein Kind vor gar nichts mehr schützen, auch nicht gegen Fernsehbilder, gegen leichtfertige, blutrünstige Phrasen, die überall herumgeistern, gegen gedankenlose Gewohnheiten.*

VACHSS: Natürlich kann man Kinder nicht vor allen auch nur denkbaren Ereignissen beschützen, aber man kann sie vor der größten Gefahr schützen, davor, daß ihr Vertrauen mißbraucht wird. Genau darum geht es mir. Wenn ein Kind von seinem eigenen Vater oder von einem »Fremden« vergewaltigt wird, so lösen diese beiden scheinbar ähnlichen Taten beim Kind ganz unterschiedliche Gefühle aus. Auf genau diese Weise erzeugen wir Psychopathen, genau so werden menschliche Bestien fabriziert. Ein Elternteil (oder irgend jemand, der die Elternstelle vertritt) greift sich ein Kind, das ihm vertraut, das schwach ist, und fügt ihm tiefes Leid zu, an Leib und Seele – er *benutzt* dieses Kind wie ein Spielzeug zu seinem Vergnügen und zu seinem Profit. Wenn der Mensch, der von der Natur dazu bestimmt ist, ein Kind zu beschützen, zum Raubtier wird und seine Gier an seinem eigenen Nachwuchs stillt – und wenn die Gesellschaft das Leid des Kindes entweder ignoriert oder als nicht der Beachtung wert vom Tisch wischt –, dann muß doch dieses Kind glauben: »Ich habe nur mich selbst, also tue ich nur, was mir nützt.« Folglich kann das Mitgefühl – diese kostbare Fähigkeit, neben den eigenen die Schmerzen anderer nachzuempfinden, etwas, das jeder Erwachsene braucht – nicht wachsen, sich nicht entwickeln. Und was dabei herauskommt, ist ein Soziopath, ein Mensch, für den das oberste Gebot darin besteht, hemmungslos seine eigenen Bedürfnisse zu befriedigen.

LEGGEWIE: *Kinder haben ein »Recht auf Erziehung«, aber die Erwachsenen oft nicht den Mut dazu. Man sollte sich nicht mehr scheuen, von Erziehung zu reden, auch wenn es ein Schlachtruf der Konservativen ist und es immer darauf ankommt, welches genau das Ziel von Erziehung ist.*

VACHSS: Mitgefühl ist für mich der Schlüssel zu allem – die Fähigkeit, die Schmerzen eines anderen zu empfinden, die Fähigkeit, sich um mehr als nur die eigene Person zu kümmern. Wir werden nicht damit geboren, nicht wahr? Babys sind kleine Wilde – wenn sie was wollen, schnappen sie es sich – wenn sie es nicht kriegen, dann schreien sie. Mitgefühl lernt ein Kind durch unser Verhalten. Aber wenn es statt Mitgefühl Vergewaltigung lernt, wenn man ihm Schmerz zufügt, dann erzeugt man eine Bestie. Der größtmögliche Schutz für jedes Kind ist also auch der größtmögliche Schutz für die Gesellschaft als Ganzes – Eltern, die ihre Kinder lieben und beschützen. Denn die Eltern, die das nicht tun, sind eine Gefahr für uns alle.

LEGGEWIE: *Die meisten Eltern geben sich ganz von selbst Mühe, »das Richtige« zu tun. Einige aber nicht. Haben Sie eine allgemeine Erklärung, warum und woran sie scheitern?*

VACHSS: Tatsache ist, daß von Tausenden mißhandelter Kinder nur eine knappe Handvoll zu Bestien wird. Die Folgen des Mißbrauchs sind ganz unterschiedlich. Manche mißbrauchten Kinder leben das aus – sie werden kriminell, gewalttätig, aggressiv. Andere fressen es in sich hinein – richten die Aggressionen gegen sich selbst, sei es durch Alkoholismus, Selbstmord, Drogenmißbrauch oder Selbstverstümmelung; die Liste selbstzerstörerischer Verhaltensweisen ist endlos. Manche spielen verrückt, und für sie ist es in der Regel alles andere als ein Spiel. Wenn also Tausende von Kindern mißbraucht werden, wird die Mehrzahl der Opfer nicht dem Täter, sondern sich selbst etwas antun, aber der Preis, den die Gesellschaft für solche selbstzerstörerischen Verhaltensformen zahlen muß, ist sehr hoch, ebenso hoch wie der ökonomische.

Es leben so viele früher mißbrauchte Kinder unter uns, die inzwischen erwachsen sind, so viele, denen von ihren eigenen Eltern Leid zugefügt wurde, Generationen solcher Kinder. Ihre Zahl ist so groß, daß sie, würden sie en bloc abstimmen, in jedem demokratischen Land der Welt die Wahlen in großem Umfang beeinflussen könnten. Aber sie sind nicht vereint – sie stehen allein, diese riesige potentielle Armee, die ich Kinder des Geheimnisses nenne, allein mit ihrem ganzen persönlichen Schmerz. Sie werden nie einem Kind das antun, was man ihnen angetan hat, aber eine weitere vorhersehbare Folge ihres Mißbrauchs ist, daß viele nicht in der Lage sind, ihre eigenen Kinder zu beschützen. Nur ganz, ganz wenige werden also zu Bestien. Aber wenn diese Bestien selbst Kinder haben, entsteht Deformation in Reinkultur, und die Gefahr, daß *diese* sogenannte »Familie« Bestien hervorbringt, wächst enorm.

LEGGEWIE: *Das ist noch keine Erklärung.*

VACHSS: Wenn wir tatsächlich wüßten, warum das eine mißbrauchte Kind zum Serienmörder wird, während ein anderes, das noch viel grauenhafter mißbraucht worden ist, zum Heiler wird, hätten wir den Stein der Weisen, der uns helfen könnte, die Hieroglyphen des menschlichen Verhaltens zu entziffern. Ich behaupte nicht, eine solche Zaubertafel zu besitzen, aber ich hoffe mein ganzes Leben lang, einmal einen Blick darauf werfen zu dürfen.

LEGGEWIE: *Kann man ihn überhaupt finden, den Stein der Weisen? Ist es nicht vergeblich, nach einer allgemeingültigen Formel zu suchen?*

VACHSS: Wir suchen danach, und wir werden die Suche an allen Fronten fortsetzen. In Amerika gibt es eine neue Organisation namens Civitas Initiative, gegründet von Jeff Jacobs, dem Geschäftspartner von Oprah Winfrey. Civitas Initiative stellt Stipendien für spezielle Programme im Bereich von Justiz, Medizin, Sozialarbeit und anderen für unser Thema wichtigen Wissenschaften zur Verfügung. Diese Programme sind von mehreren Universitäten entwickelt worden und haben alle eines gemeinsam: den Schutz von Kindern. Das Civitas ChildLaw Center der Chicago Law School in Loyala zum Beispiel bietet ein ganzes Ausbildungsprogramm (und nicht nur einen »Kurs«) über die juristische Vertretung von Kindern an.

Eine andere Front ist die Wissenschaft geworden – durch die Arbeit von Dr. Bruce Perry von der Baylor Medical School. Dr. Perry leitet das Civitas Program auf dem Sektor der Kindertraumatologie, und seine bahnbrechende Forschung stellt meiner Meinung nach unsere größte Hoffnung dar, den Lauf der Dinge umzukehren. Das menschliche Gehirn ist praktisch eine Schaltzentrale, in der Eindrücke verarbeitet werden. Dr. Perry ist tatsächlich in der Lage, lange zurückliegende Traumata anhand der Gehirnstrommuster zu dokumentieren. Er kann das sogar im Schlafzustand; die untersuchte Person kann also das Ergebnis nicht beeinflussen. Einfach ausgedrückt: Ein Kindheitstrauma bringt die Schaltzentrale durcheinander. In anekdotischer Form haben wir das schon immer gewußt: Wenn man die Hand hebt, um einem Baby zuzuwinken, und es duckt sich, als erwarte es einen Schlag, dann wird deutlich, daß dieses Kind eine erhobene Hand ganz anders »verarbeitet« hat als ein anderes, das mit Liebe aufgezogen wurde. Sobald ein Trauma die Schaltzentrale, die das Gehirn darstellt, durcheinandergebracht hat, wird ein Kind überwachsam, mißtrauisch ... so sehr, daß es auch anderes menschliches Verhalten »fehldeutet«, »Hinweise« oder »Signale« auffängt, die ihrer wohlmeinenden Absicht zum Trotz Schrecken oder Wut auslösen. Unsere Aufgabe ist es, einzugreifen, bevor die Würfel gefallen sind – das ist die Herausforderung.

Dr. Perrys Arbeit ist viel weiter gediehen (und viel komplizierter) als das; im Augenblick führt er Versuche mit einer sehr großen Gruppe von Kindern durch –

Versuche, die genau dem oben beschriebenen Testmuster folgen. Ich glaube, ich werde es noch erleben, daß Dr. Perrys Arbeit uns einen bis jetzt unvorstellbaren Einblick in das menschliche Verhalten gewährt.

LEGGEWIE: *Kindheit als eine herausgehobene Phase der menschlichen Biographie mit ganz speziellen Merkmalen ist ein relativ neues, typisch modernes Konzept. Früher gab es gar keine »Kinder« in diesem Sinne, oder Erwachsene waren selbst wie Kinder, gewissermaßen. Vielleicht übernehmen wir uns damit, wenn wir ein dermaßen hehres Bild der Kindheit entwerfen und es gegen jedwede Beschädigung verteidigen? Vielleicht stellen wir uns selbst eine Falle, indem wir ein humanitäres Ideal propagieren, das wir anthropologisch, gegen unsere condition humaine, gar nicht durchsetzen können. Gut sein zu wollen kann dazu führen, daß wir erst recht böse sind.*

VACHSS: Das ist so verwerflich wie blöde. So, als sage man: »Soll Hitler doch Polen haben, dann ist er zufrieden und kommt nie nach England.« Das ist üble Beschwichtigungspolitik, eine moralische Bankrotterklärung. Jeder, der behauptet, wenn man gut sein will, kommt man nicht umhin, zunächst einmal böse zu sein, verachtet die Menschen, hat keinerlei Achtung vor den Menschen. Er muß uns für beschränkte Herdentiere halten. Zu behaupten, wenn man den Menschen mehr Verantwortung aufbürde, brächen sie unter dem Druck zusammen – das ist das Mantra des Diktators, nicht des Heilers. Und einen wahren Krieger, jemanden, der gewillt ist, für eine Veränderung zu kämpfen, wird das nicht abschrecken. Diesen »Ich geb's auf«-Quatsch ... den kann ich einfach nicht ertragen.

LEGGEWIE: *Aber die Kapitulation setzt sich auf allen Ebenen durch, im Hinblick auf Gewalt im Fernsehen oder beim Besitz von gefährlichen Waffen oder auch in bezug auf den Kindesmißbrauch. Wir haben doch schon längst kapituliert.*

VACHSS: Sicher, viele haben kapituliert, aber es sind noch eine ganze Menge Leute da, die bereit sind, zu kämpfen. Und das Gute am Umzingeltsein ist doch, daß man immer den Feind trifft, egal, in welche Richtung man schießt. Schließlich sind doch sie diejenigen, die unter Druck stehen, nicht wir. Und sie sind es auch, die unter dem Druck zusammenbrechen. Sie wissen, daß man sie eines Tages fragen wird, was *sie* im Kampf für mehr Menschlichkeit getan haben. Und wenn sie uns schildern, wie schön sie sich rausgehalten haben, während andere Risiken auf sich nahmen, dann wird ihnen das keinen Respekt eintragen.

LEGGEWIE: *Und so wappnen Sie sich gegen Entmutigung?*

VACHSS: Ich will Ihnen ein Beispiel nennen. Als ich mit dieser Arbeit angefangen habe, war da ein Kind, das mit gebrochenen Knochen in der Notaufnahme lag. Zur Erklärung hieß es, das Kind sei »vom Tisch gefallen«. Damals sagten die Ermittler: »Ja, so was kann passieren.« Aber innerhalb von nur zwei Jahrzehnten hat die Medizin – genaugenommen die Radiologen und Kinderärzte – den Begriff des »Battered Child Syndrom« entwickelt. Dabei geht es im wesentlichen darum, daß man sich die Röntgenbilder anschaut und sagt: »Dieser Knochen war mehrmals hintereinander gebrochen und ist wieder verheilt – das ist ein Muster … ein spezifisches, eingrenzbares Syndrom.« Und man hat noch andere Sachen rausbekommen – zum Beispiel, daß ein Spiralbruch höchstwahrscheinlich *nicht* das Ergebnis eines Unfalls ist. Man kennt die Ursache subduraler Hämatome, man kennt das sogenannte »Shaken Baby Syndrom«, das entsteht, wenn ein Säugling regelmäßig so heftig geschüttelt wird, daß er schwere und mitunter tödliche Hirnschäden davonträgt; man kann an den Verbrühungsmalen unterscheiden, ob ein Kind sich zufällig verbrüht hat oder absichtlich mit kochendem Wasser übergossen wurde. Ich könnte diese Aufzählung ewig lange fortsetzen, aber das eigentliche Problem ist doch: Überall liest man heute Sensationsberichte darüber, daß Leute angeblich zu Unrecht beschuldigt werden, Kinder sexuell mißbraucht zu haben. Als ich angefangen habe, war dauernd davon die Rede, daß Leute angeblich zu Unrecht beschuldigt wurden, Kinder physisch mißbraucht, sie also körperlich gezüchtigt zu haben. Inzwischen können wir so etwas nachweisen, wir haben allgemein anerkannte Untersuchungsverfahren, die vor Gericht als Beweise zugelassen sind, und prompt ist das Thema so gut wie vom Tisch. Und so werden wir eines Tages auch wissenschaftlich und juristisch einwandfreie Möglichkeiten haben, nachzuweisen, daß Kinder sexuell mißbraucht worden sind. Sicher nicht heute und morgen, aber wir werden sie haben.

LEGGEWIE: *Sie bezeichnen sich als »Krieger«?*

VACHSS: Die Aufgabe des Kriegers in dieser Schlacht besteht darin, immer das Ziel im Auge zu behalten. Man weiß, man selbst wird es vielleicht nicht mehr erreichen, und trotzdem macht man weiter – und weiß, daß es andere geben wird, die den Kampf weiterführen, wenn man nicht mehr da ist.

LEGGEWIE: *Ein echtes Langzeitprogramm, das Leben ist begrenzt!*

VACHSS: Diese Arbeit ist nichts für Leute mit ausgeprägtem Geltungsbedürfnis. Hier geht es nicht um eine Schlacht, die irgendwer gewinnen kann. Niemand kann sicher sein, daß er bei der Siegesparade mitmarschiert. Im Kampf gegen den Kindesmißbrauch gibt es keinen K.O.-Schlag, keinen Einzeltreffer, der den Gegner fällt.

Aber den Feiglingen, die sich hinstellen und sagen: »Das Problem ist viel zu groß – ich kann nichts tun«, denen kann ich nur sagen, es gibt Hunderte von Kindern, deren Leben wir verändert haben ... und zwar nicht dadurch, daß wir ihnen einen Klaps auf den Rücken und ein paar freundliche Ratschläge gegeben haben, sondern wir haben sie aus ihrem bestialischen Elternhaus rausgeholt, damit sie adoptiert und von liebevollen Eltern und Familien aufgezogen werden. Übrigens ist mir kein Kind bekannt, das wir zur Adoption freibekommen haben und das später in ein schweres Verbrechen verwickelt gewesen wäre ... und dabei kommen diese Kinder durchweg aus den entsetzlichsten Verhältnissen, die man sich vorstellen kann. Mit jedem Kind, das wir retten, retten wir auch die Gesellschaft ... retten sie vor den negativen Folgen.

JENSEITS VON RECHTS UND LINKS

LEGGEWIE: *Sie haben schon vom* backlash *gesprochen. Bei uns wird zur Zeit mehr vom »Mißbrauch des Mißbrauchs« geschrieben als vom Mißbrauch selbst. Viele Liberale warnen, man solle den Bogen nicht überspannen. Sie leugnen nicht, daß es sexuellen Mißbrauch und daß es dabei horrende Fälle gibt. Aber sie fürchten zugleich konservative Politiker, die mit der »moralischen Mehrheit« und der Lobby überkandidelter Kinderschützer im Rücken eine Kampagne entfesseln, die an die Grundfesten der liberalen Gesellschaft rührt.*

VACHSS: Warum müssen wir zwischen der Einfalt des Neandertalers und der Leere des New Age wählen? Ich will Ihnen sagen, was einmalig ist am Kindesmißbrauch – er hat sowohl rechte als auch linke Reaktionen hervorgerufen, und beide sind gleich dumm. Da sind die Liberalen, die von Sex mit Kindern als »alternativem Lebensstil« reden, die sagen, man könne Inzesttäter und Kinderschänder durch »Familienberatung« heilen. Die sogenannten »Konservativen« hingegen sagen, man müsse Kindern »das Gute« einprügeln, Kinder seien Besitz, und »elterliche Rechte« unantastbar, und darum dürfe sich der Staat nicht in die internen Angelegenheiten der Familie einmischen.

Doch für das mißbrauchte Kind läuft dieser Unsinn auf dasselbe schreckliche Ergebnis hinaus, egal, welcher Doktrin man anhängt. Die Fanatiker der einen Seite gefallen sich in hohlen Phrasen wie: »Jedem Kind droht Mißbrauch!« und »Bis zu ihrem 18. Lebensjahr sind vier von fünf Frauen mißbraucht worden!« und »Hinter jedem Busch lauert ein Vergewaltiger!« Aber das reicht ihnen noch nicht. Sie sagen auch: »Kinder lügen niemals, wenn es um sexuellen Mißbrauch geht.« Währenddessen behaupten die Fanatiker der Gegenseite: »Die Statistiken und Berichte sind allesamt maßlos übertrieben – sexueller Kindesmißbrauch stellt eigentlich kein Problem dar.« Und nur zu gerne reden sie davon, daß Kinder sich den sexuellen Mißbrauch nur »ausdenken«, weil sie zuviel Kabelfernsehen schauen ... und daß »Millionen« Menschen »zu Unrecht beschuldigt« werden. Ihr Lieblingsargument aber ist, daß jede Ermittlung wegen sexuellen Kindesmißbrauchs eine »Hexenjagd« sei.

LEGGEWIE: *Auf die Hexenjagd kommen wir noch zu sprechen.*

VACHSS: Die Wahrheit liegt natürlich irgendwo in der Mitte zwischen diesen lächerlichen Extrempositionen, aber ihr auf den Grund gehen, das wollen nur Leute, die sich persönlich dadurch nicht gefährdet sehen. Ideologie hat in dieser Auseinandersetzung nichts verloren. Wenn ich will, daß ein Kinderschänder, der Wiederholungstäter ist, lebenslang eingesperrt wird, schreien die Liberalen, ich sei ein Faschist ... und wenn ich für einen zwölfjährigen Jungen, der sexuell gewalttätig geworden ist, psychologische Behandlung und Rehabilitation will, anstatt ihn ins Gefängnis zu schicken, dann brandmarken mich die Konservativen als unheilbaren Anarchisten.

LEGGEWIE: *Es wäre schon fatal, wenn ausgerechnet ein so brisantes Thema wie Gewalt gegen Kinder durch den Rost der politischen Klassifikation fällt oder im Flügelkampf zwischen links und rechts untergeht. Mich als Politologen interessiert vor allem, wie man das ganze Thema politisieren kann und Reformen voranbringt.*

VACHSS: Von der traditionellen Politik kann man nicht

erwarten, daß sie dieses Problem löst, denn eines steht unausweichlich fest: Kinder wählen nicht, Kinder sind keine politische Klientel. Deswegen wird man nie erleben, daß in den Vereinigten Staaten ein Präsidentschaftskandidat sagt: »Sobald ich gewählt bin, werde ich dafür sorgen, daß der Kindesmißbrauch aufhört.«

LEGGEWIE: *In unserem »Superwahljahr« war auch keine Rede davon.*

VACHSS: Derzeit wird im Kongreß eine Gesetzesvorlage diskutiert, eine ganz simple Vorlage, die auf Folgendem basiert: In den Vereinigten Staaten können Eltern kein Kind aufziehen, ohne es, zumindest gelegentlich, anderen anzuvertrauen – einem Schulbusfahrer, einem Lehrer, einem Kinderarzt, einem Trainer, einem Zahnarzt ... Der vorgeschlagene Gesetzestext sagt einfach, daß eine landesweite Erfassungsstelle eingerichtet werden soll, in der jeder, der wegen einer Straftat an einem Kind verurteilt wurde, gespeichert ist; und Sie als Eltern können davon ausgehen, daß jede Schule, jede Tagesstätte, jeder Sportverein, jeder wie auch immer davon Betroffene ... bei dieser Erfassungsstelle nachfragt, bevor er jemanden einstellt, der mit Kindern in Berührung kommt. Ein einfaches und sehr notwendiges Gesetzt, stimmt's? Wo also liegt das Problem?

LEGGEWIE: *Daß Schnüffelei vom Staat und Stigmatisierung durch die Gesellschaft drohen, auch, daß es inhuman ist, jemanden dermaßen an den Pranger zu stellen.*

VACHSS: Das ist genau das, was die Gegner sagen. Ich wiederum sage Folgendes: Wenn Kinderschänden kein Stigma ist, was zum Teufel ist dann eins? Warum sollten Leute, die ein derart verabscheuungswürdiges Verbrechen begehen, eigentlich *nicht* stigmatisiert werden?

LEGGEWIE: *Aber es kann jemand in falschen Verdacht ge-raten und zu Unrecht beschuldigt werden. Und das ist doch auch schon passiert.*

VACHSS: Wenn Sie meinen, es könnte versehentlich die falsche Person registriert werden, das halte ich für un-wahrscheinlich. Die erfaßten Daten kämen direkt aus den Strafakten der einzelnen Bundesstaaten, mitsamt Fingerabdrücken, Geburtsdaten, besonderen Kennzei-chen etc. Aber selbst wenn so ein Fehler vorkäme, könnte die irrtümlich erfaßte Person sagen: »Nein, ich bin nicht der Betreffende«, und so eine Aussage ließe sich natürlich ganz leicht nachprüfen. Wenn Sie damit sagen wollen, jemand könnte zu Unrecht beschuldigt, zu Unrecht festgenommen und zu Unrecht verurteilt werden (*und* sämtliche Berufungsverfahren verlieren), nun, das kommt nicht nur bei Kindesmißbrauch vor. Der gleiche alptraumhafte Vorgang könnte auch jeman-dem widerfahren, der des Bankraubs, des Mordes oder wessen auch immer beschuldigt wird ... aber *darüber* scheint sich niemand groß Gedanken zu machen. Ei-gentlich geht es doch nur um folgendes: Wie kann man zulassen, daß ein Kinderschänder, der seine Haftstrafe in dem einen Bundesstaat abgesessen hat, in einen ande-ren Staat zieht und dort einen Job in einer Tagesstätte bekommt, ohne daß der potentielle Arbeitgeber bezie-hungsweise die Eltern der Kinder seine Vergangenheit kennen? Wer hat *größere* Rechte, das Opfer oder der Tä-ter? Für mich gibt es da überhaupt keinen Zweifel, und wir gedenken, diese Vorlage durchzusetzen, egal, wie groß der Widerstand ist.

LEGGEWIE: *Sie wollen die Akzente richtig setzen: daß man nicht nur die Täter vor falschem Strafvollzug schützt, sondern sein Augenmerk vor allem auf die Opfer richtet.*

VACHSS: Genau. Das Opfer, nicht der Täter muß für uns

die höchste Priorität haben. Natürlich wollen wir kein System, das Justizirrtümer begünstigt, aber ebensowenig wollen wir, daß Kinderschändern Rechte und Privilegien zugestanden werden.

LEGGEWIE: *In den Vereinigten Staaten werden erwachsene Opfer von Verbrechen relativ besser geschützt und mit Entschädigung bedacht als bei uns. Warum ist das Gesetz, daß Kinder schützen soll, nicht durchgegangen?*

VACHSS: Das Gesetz wurde nicht etwa deswegen nicht verabschiedet, weil jemand fand, es sei ein schlechtes Gesetz, sondern weil kein Druck da ist, weil die Menschen, die einen Nutzen davon hätten, Kinder sind, und Kinder sind keine Wähler. Kinderschänder haben ihre Lobby, sie sind organisiert, sie können öffentlich verkünden, daß sie das Alter für das »Recht auf sexuelle Selbstbestimmung« herabsetzen wollen, sie können sich politischen Aktionsgruppen anschließen und Politiker auf verschiedenste Weise unter Druck setzen. Von Fairneß kann also wahrhaftig nicht die Rede sein – ob ein Gesetzestext gut oder schlecht ist, das hängt davon ab, wer am längsten und nachhaltigsten Druck ausüben kann. Jeder kann sagen: »Ich vertrete die Interessen des Kindes«, aber Kinder *wählen* ihre sogenannten »Vertreter« nicht. Herrgott nochmal, auch die sogenannte NAMBLA* bezeichnet sich als »Organisation zur Vertretung der Interessen von Kindern«. Im Grunde läuft alles darauf hinaus, wer die größere Ausdauer hat, denn wer bei diesen Kämpfen Sieger bleibt, das ist einfach eine Frage der Zähigkeit.**

---

* Das Akronym steht für North American Man-Boy Love Association. Die Bemühungen dieser Vereinigung von bekennenden Pädophilen, politischen Einfluß zu gewinnen, beschränken sich nicht nur auf Nordamerika. Man denke nur an Organisationen wie den PIE (Pedophile Information Exchange) in England.

** Dieses Gesetz zum Schutz der Kinder, das die Bezeichnung *National Child Protection Act of 1993* trägt, im Volksmund aber »Oprah Bill« genannt wird, weil die Talk

LEGGEWIE: *Politiker denken in kurzen Fristen, von Wahl zu Wahl. Parlamentarische Entscheidungen, auch wenn sie weitreichende Konsequenzen für die Zukunft haben, sind meistens nur auf die gerade laufende Legislatur- und Regierungsperiode bezogen. Die Interessen der kommenden Generation, der Kinder und Kindeskinder, bleiben auf der Strecke, ähnlich wie der Umweltschutz. Aber lassen Sie uns die Bedenken der liberalen Kritiker ernst nehmen: Es gab doch falsche Verdächtigungen gegen vermeintliche Kinderschänder und Beispiele für eine »Hexenjagd«.*

VACHSS: Ich empfehle Ihnen bei allem Respekt, einmal einen Blick auf die klassischen »Hexenjagden« der Vergangenheit zu werfen. Ob Sie die Jungfrau von Orléans nehmen oder die »Hexenprozesse von Salem«, eine Gemeinsamkeit werden Sie in beiden Fällen feststellen: Es *gab* keine Hexen!

LEGGEWIE: *Weiß ich. Aber man kann trotzdem nicht leugnen, daß es falsche Anschuldigungen gegen unschuldige Personen gegeben hat, die unter dem Druck selbsternannter Kinderanwälte und einer leicht hysterischen öffentlichen Meinung verurteilt worden sind, ohne Kindern je etwas angetan zu haben. Diese Vorkommnisse sind doch ein seriöses Motiv, was auch immer sonst noch hinter der These vom »Mißbrauch des Mißbrauchs« stecken mag.*

VACHSS: Warum stellen Sie etwas als unangefochtene Tatsache dar, was in Wahrheit Gegenstand heißer Diskussionen ist. Aber selbst angenommen, daß einige von den Leuten, die »Hexenjagd!« schreien, keinerlei persönliches Interesse haben und wahrhaftig die Unschul-

---

masterin Oprah Winfrey sich persönlich dafür eingesetzt hat und es vor allem ihr Verdienst ist, daß dieses Gesetz inzwischen existiert, wurde am 20. Dezember 1993, kurz nach diesem Teil des Gespräches, tatsächlich verabschiedet.

digen schützen wollen, frage ich mich doch weiterhin, warum keine dieser Gruppierungen aufgesprungen ist und dagegen protestiert hat, daß Leute wegen anderer Verbrechen zu Unrecht verurteilt worden sind. Das liegt nicht etwa daran, daß das Thema Jugend- und Kinderschutz besonders heiß ist, sondern daß endlich universell anwendbare Ermittlungsverfahren entwickelt werden müssen, damit ich in einem Fall auf die gleiche Weise ermitteln kann wie Sie, egal, wo wir beheimatet sind oder für wen wir arbeiten. Wir wollen ein System, in dem nur derjenige Angst haben muß, bestraft zu werden, der gegen die Gesetze verstößt.

Aber ich bin nach wie vor nicht davon überzeugt, daß es den Leuten, die da von »Hexenjagd« reden, wirklich darum geht, daß jemand zu Unrecht verurteilt werden könnte. Ich habe kürzlich an einem Podiumsgespräch im TAT* in Frankfurt teilgenommen. Ein junger Mann brachte die Theorie von der »Hexenjagd« aufs Tapet und sagte, er kenne jemanden, der zu Unrecht verurteilt worden sei. Er kannte die betreffende Person vor der Verurteilung nicht, steht aber in ständigem Briefverkehr mit dem Inhaftierten. Ich habe ihn gefragt, ob er sich auch Gedanken über Menschen mache, die wegen anderer Verbrechen »zu Unrecht verurteilt« worden seien, und er sagte »nein«. Er interessierte sich weder für politische Korruption noch für die unzulängliche Verteidigung von Angeklagten oder für ungerechte Gesetze ... für nichts dergleichen! Seine einzige Sorge war, warum »so viele Menschen« wegen dieses einen Verbrechens zu Unrecht verurteilt würden.

LEGGEWIE: *Wer sich die Sorge vor einer »Hexenjagd« zu eigen macht, kann sich auch selbst vor Übertreibungen schützen, die im Eifer des Gefechts vorkommen können.*

---

* *Theater am Turm*

VACHSS: Das ganze Gezeter von »Hexenjagd« bedeutet doch nur, daß die Wahrscheinlichkeit, daß Menschen verurteilt werden, geringer ist, nichts weiter. Aber die Kinderschänder freuen sich über nichts so sehr, nichts macht sie glücklicher, läßt sie mehr aus dem Häuschen geraten, als wenn die Presse mal wieder hinausposaunt, daß jemand »zu Unrecht beschuldigt« worden sei. *Das* ist doch ihr Schutz – je mehr Menschen an eine »Hexenjagd« glauben, desto sicherer sind die Kinderschänder.

Dieses Verbrechen hat etwas an sich, verstehen Sie, was sehr deutlich zeigt, daß Kinder benachteiligt sind. Es gibt übrigens eine Parallele dazu in der Vergangenheit, in der allerjüngsten Vergangenheit. Wie lange ist es denn her, daß es unmöglich war, einen Mann allein aufgrund der »Aussage der Frau« wegen Vergewaltigung zu verurteilen? Wie lange ist es denn her, daß es – wenn die Frau nicht halbtot geschlagen worden war – genügte, vorsichtig anzudeuten, sie habe den Täter »herausgefordert«, damit der Vergewaltiger freikam? Wie lange ist es denn her, daß Inzest als »hysterische Phantasie« abgetan wurde?

Wir müssen dafür sorgen, daß die Justiz so gerecht und so gründlich wir nur irgend möglich arbeitet. Sicher – ich bin dafür –, ich frage mich nur, wie viele von denen, die »Hexenjagd« schreien, ebenfalls dafür sind.

LEGGEWIE: *Wie kann man dafür sorgen, daß die Betroffenen, die Kinder, als politische Wähler ins Gewicht fallen?*

VACHSS: Kinder sind immer als persönliches Eigentum betrachtet worden. Das Jugendarbeitsschutzgesetz, das für jemanden in unserem Alter als selbstverständlich gilt, existiert ja erst seit ganz kurzer Zeit. In Amerika hatten wir eher Gesetze, die den Mißbrauch von Tieren untersagten, als solche gegen den Mißbrauch von Kindern.

LEGGEWIE: *Sie reden jetzt wie ein eingefleischter Reformer, der Schritt für Schritt nach vorn marschiert und sich auf langsame Fortschritte einstellt. Andererseits sprechen Sie immer vom Kampf oder Krieg, den Sie führen, gegen Feinde, von denen Sie umringt sind – das sind militärische Begriffe, die einen liberalen Beobachter abschrecken: Wer sind Ihre Feinde, und wo sind Ihre Bataillone?*

DAS ELEND DES LIBERALISMUS

VACHSS: Der Feind? Das sind die Leute, die sich durch ihr Verhalten entlarven. Jeder, der ein Kind schändet, ist mein Feind, jeder, der ein Kind quält, der ein Kind mißhandelt, ist mein Feind.

LEGGEWIE: *Da stimmt Ihnen fast jeder zu. Was ist mit den Lobbies und Fürsprechern der Pädophilen, sind das auch Ihre »Feinde«?*

VACHSS: Wenn Sie damit Gruppierungen wie die NAMBLA meinen, natürlich. Diese Pädophilenorganisationen kommen doch nur zu politischer Macht, weil sie sich bei anderen einklinken, bei denen, die rechtschaffen und ehrlich gegen die Unterdrückung kämpfen. Testfrage: Wenn ein Mann sexuell mit einem dreijährigen Jungen verkehrt, würden Sie das als »homosexuellen« Kindesmißbrauch bezeichnen?

LEGGEWIE: *Nein, es ist Kindesmißbrauch, ohne näheres Adjektiv.*

VACHSS: Richtig. Aber hierzulande, in anderen Ländern übrigens auch, wird das häufig als »homosexueller Kindesmißbrauch« dargestellt. Doch wenn ein Mann mit einem dreijährigen Mädchen sexuell verkehrt, redet kein Mensch von »heterosexuellem Kindesmißbrauch«. Sie haben vollkommen recht: Kinderschändung ist eine Kategorie für sich. Aber je häufiger die Medien »sexuelle Handlungen zwischen einem Mann und einen Knaben« als »homosexuell« bezeichnen, desto größer wird die Bereitschaft der Homosexuellen, die jahrhundertelang verfolgt wurden, die Reihen zu schließen und sich schützend vor Pädophile zu stellen.

LEGGEWIE: *... und dadurch werden Pädophile zu einer weiteren »unterdrückten Minderheit«, die auch ein Recht auf »Selbstverwirklichung« hat!*

VACHSS: Aber Kinderschänden ist kein »alternativer Lebensstil«, es ist eine böse Tat. Ich war ungeheuer froh, als ich erfahren habe, daß die International Lesbian and Gay Organization, eine Dachorganisation für mehr als 300 Schwulenverbände, die größte der Welt, soeben sämtliche Kontakte zur NAMBLA abgebrochen hat. Ich zitiere wörtlich aus ihrer Verlautbarung: »Angesichts des weltweit grassierenden Mißbrauchs von und Handels mit Kindern müssen wir die Ansichten der NAMBLA tadeln. Meine Bewunderung für die Wortmächtigkeit dieser Verlautbarung wird nur von meiner Bewunderung und Hochachtung für diese mutige Tat übertroffen.

LEGGEWIE: *Wenn man die aufgeregte Debatte über Minderheiten in den USA und jetzt auch in Europa kennt, kann man sich leicht vorstellen, daß Pädophile auf diese Tour unverdient Sympathie einheimsen.*

VACHSS: Natürlich, und das ist die Gefahr. Die eigentliche Gefahr sind die Pädophilen selbst; die Gefahr liegt darin, daß sie es schaffen, wohlmeinende, ernsthafte, besorgte Menschen für ihre »Sache« zu gewinnen. Man muß diesen Leuten doch wirklich nur eine halbe Stunde zuhören, um zu begreifen, was ihr wahres Motiv ist – die Freude am Kinderschänden, genau *dafür* treten sie ein.

LEGGEWIE: *Ein renommierter deutscher Soziologe definiert in einer Streitschrift die »pädosexuelle Begegnung« als »spielerische Zärtlichkeitsbefriedigung, die genitale Befriedigung nicht ausschließt« (Rüdiger Lautmann, Die Lust am Kind, 1994). In Deutschland haben sich die*

GRÜNEN mal viele Sympathien verscherzt, als sie sich für die Freigabe dieser Sorte von Lust eingesetzt haben.

VACHSS: Und das mit Recht – was nützt es, wenn man dagegen ist, daß der Giftmüll in die Meere verklappt wird, aber nichts gegen den Giftmüll in menschlicher Gestalt einzuwenden hat. Schauen Sie, der Begriff »liberal« hat eine lange und ehrenwerte Tradition. Aber wenn die Liberalen heutzutage Kinderschänder fördern wollen, als ob diese eine gefährdete Spezies wären – wären sie es doch bloß! –, wenn sie ihre ganze Energie darauf verschwenden wollen, dafür zu sorgen, daß ja niemand zu Unrecht verurteilt wird, aber nicht eine Minute darüber nachdenken, wie man tatsächliche Gesetzesbrecher ihrer gerechten Strafe zuführen kann, dann hat der Begriff »liberal« fortan jedes Recht auf Achtung verwirkt. Für mich waren Liberale immer Menschen, die für die Sache der Unterdrückten kämpfen. Wenn die Liberalen aber solche Angst vor »Hexenjagden« haben, daß sie statt dessen lieber den Unterdrückern den Rücken stärken, dann verdienen sie keinen Respekt. Bei uns ist der größte Umweltverschmutzer die Kriminalität. Und jeder Liberale, der diesen Namen verdient, sollte ohne Wenn und Aber das Konzept vertreten, daß Kriminelle nicht *geboren*, sondern *gemacht* werden; von dort ist es nur ein kleiner Schritt zur Wirklichkeit: Der Kampf gegen den Kindesmißbrauch ist absolut notwendig.

LEGGEWIE: *Aber woher kommt dieses mangelnde Interesse an einer selbstverständlichen Sache, diese permanente Verschiebung der Protestmotive auf andere, sekundäre Phänomene?*

VACHSS: Weil die Liberalen ihre Zeit damit verschwenden, sich darüber Gedanken zu machen, wofür sie kämpfen sollten, anstatt wirklich zu kämpfen. Sie wis-

sen durchaus, daß Kindesmißbrauch in unserer Gesellschaft ein offenes Krebsgeschwür ist, aber sie halten
nach wie vor an ihren alten, abgedroschenen Klischees
fest, wie zum Beispiel: »Wenn es keine Armut gäbe,
dann gäbe es keinen Kindesmißbrauch.« Das ist völliger
Unsinn. Ich habe so viele mißbrauchte Kinder vertreten, die aus bestem Hause kamen und in absolutem Luxus aufwuchsen.

LEGGEWIE: *Aber solche Fälle sind seltener?*

VACHSS: Sicher, in den wohlhabenderen Kreisen wird
man nicht so oft erleben, daß Leute des Kindesmißbrauchs beschuldigt werden, aber das heißt nicht, daß
ihr Geld sie davor bewahrt hat, Kinder zu mißbrauchen, sondern nur, daß das Geld so manchen davor bewahrt hat, die Konsequenzen seiner Taten tragen zu
müssen. Es ist kein Geheimnis, daß die ärmeren Schichten einer viel stärkeren Kontrolle unterliegen, weil sie
von der Obrigkeit abhängig sind. Wenn ein Armer seinem Kind schwere Verletzungen zufügt, bleibt ihm gar
nichts anderes übrig, als das Kind in die Notaufnahme-
station eines staatlichen Krankenhauses zu bringen, wo
die Ärzte äußerst mißtrauisch sind und sich den Leuten
gegenüber, die jeden Tag bei ihnen ein und aus gehen, in
keinster Weise zur Loyalität verpflichtet fühlen. Wenn
ein Reicher das gleiche tut, kann er mit dem Kind zu
seinem Hausarzt gehen, den er aus eigener Tasche bezahlt.
   Glauben Sie wirklich, in einer Privatschule würde
man die Behörden ebenso schnell verständigen wie auf
einer staatlichen Schule, wenn ein Lehrer den Verdacht
hat, daß ein Schüler zu Hause mißbraucht wird? Oder
nehmen Sie einen privaten Therapeuten, im Gegensatz
zu einem, der vom Staat bezahlt wird?
   Aber ich rede hier nicht bloß darüber, ob und wie der
Kindesmißbrauch zur Anzeige gebracht wird – ich rede

darüber, welchen Einfluß die ökonomischen Verhältnisse auf die Formen haben, die er annimmt. Selbst wenn man alle Fälle von Kindesmißbrauch ausschalten könnte, die auf Geldmangel zurückzuführen sind – Sie wissen doch, *Typ I* –, gäbe es dadurch nicht weniger Fälle von *sexuellem* Mißbrauch.

Daß abweichendes Sexualverhalten etwas mit der Klassenzugehörigkeit zu tun habe, ist eine Legende, die die Liberalen in die Welt gesetzt haben. Und bei den Liberalen gilt als oberstes Gebot, daß niemand für sein Verhalten verantwortlich ist – schließlich gibt es ja so viele Dinge, hinter denen man sich verschanzen kann!

LEGGEWIE: *Ich räume ein, daß die Rückführung persönlichen Fehlverhaltens auf ominöse »gesellschaftliche Ursachen« ein beliebtes Ablenkungsmanöver ist, übrigens auch Ausdruck davon, wie stark sozialwissenschaftliche Erkenntnisse sich popularisiert haben und instrumentalisiert werden. Jeder ist irgendwie Opfer der Verhältnisse. Die Feststellung sozialer Anomien ist kaum geeignet, jemanden aus seiner individuellen Verantwortung zu entlassen. Aber kommen wir zurück zu dem »Krieger Andrew Vachss«. Elle hat Sie mal als einen »Prince of Darkness« bezeichnet, der einsam seine Mission verfolgt. Ich entdecke in Ihnen mehr den nüchternen Reformer, der bei Tageslicht Verbündete sucht. Wo würden Sie sich im herkömmlichen Rechts-Links-Spektrum selbst ansiedeln?*

VACHSS: Das habe ich schon gesagt: Weder die Liberalen noch die Konservativen werden uns in der Frage des Kindesmißbrauchs helfen. Die Liberalen schieben jedes abweichende Verhalten auf universelle Ursachen – sie drücken sich vor dem Gefecht mit der Begründung, was wir wirklich brauchten, sei ein radikaler »Umbau der Gesellschaft«. Die Konservativen sind zwar in bezug auf die meisten Verbrechen eher bereit, abweichendes Verhalten als solches wahrzunehmen, haben aber in puncto

Kindesmißbrauch ein anderes Anliegen – sie meinen, daß die Familie heilig ist und der Staat sich nicht in Familienangelegenheiten einmischen darf, ganz gleich, was hinter verschlossenen Türen vor sich geht. Beide haben absolut versagt; es hat sich gezeigt, daß die Art, wie sie das Problem »anpacken« wollen, einfach zu nichts führt. Ich weiß, wo ich stehe, aber das kann ich Ihnen nicht politisch erläutern. Ich will, daß das Schwein, das Kinder geschändet hat, für den Rest seines Lebens hinter Gittern sitzt – ja, das gefällt den Konservativen. Aber wenn ich sage, ich bin gegen die Todesstrafe, halten mich die Konservativen plötzlich für einen Liberalen.

LEGGEWIE: *Die beiden Gruppen beherrschen die öffentliche Meinung: Wie kann man diejenigen aufrüsten, die Kindesmißbrauch nicht aus irgendwelchen politischen Hintergedanken heraus thematisieren und sich als »Progressive« oder »Konservative« damit befassen, um ganz andere Ziele zu erreichen, sondern schlicht deshalb, weil sie etwas gegen Kindesmißbrauch unternehmen wollen?*

VACHSS: Richtig! Sie haben absolut die richtige Frage gestellt, eine, die so gut wie nie gestellt wird. Die Frage lautet: Wie bringen wir den Mann oder die Frau auf der Straße dazu, daß sie mit uns gegen Kindesmißbrauch kämpfen? Genau *das* ist mein Ansatz, genau *darüber* schreibe ich, genau *diese* Haltung vertrete ich. Und hier haben Sie die Plattform, von der aus ich kämpfe: Die Nächstenliebe hat versagt. Das müssen wir akzeptieren; wir müssen endlich aufhören, uns etwas vorzumachen. Es wird höchste Zeit, daß wir direkt an das *Eigeninteresse* appellieren – und genau *das* tun wir, indem wir den Leuten zeigen, daß zwischen dem Opfer von *heute* und dem Täter von *morgen* eine unmittelbare, zwangsläufige Wechselbeziehung besteht. Wir erzählen der Öffentlichkeit nichts mehr von mißbrauchten und vernachlässigten Kindern. Nein, wir erzählen den Leuten von Charles Manson und Richard Speck ...

LEGGEWIE: ... *der in Chicago acht Schwesternschülerinnen ermordet hat* ...

VACHSS: ... wir reden über Bestien. Wir erklären den Menschen, daß es ein Fließband gibt, an dem Bestien gemacht werden. Sie können hinkommen, wo Sie wollen, egal, ob nach Iowa oder nach L.A. – fragen Sie doch die Leute: »Was regt Sie am meisten auf?« Was glauben Sie, was die überwältigende Mehrheit Ihnen darauf antworten wird?

LEGGEWIE: *»Kriminalität.«*

VACHSS: Immer und immer wieder. Die amerikanische Öffentlichkeit hat Angst, und das mit Recht. Wenn die Öffentlichkeit erst mal begreift, daß wir uns unsere Ungeheuer selbst machen, daß wir selbst unsere Bestien erzeugen, dann wird sie uns auch zuhören. Und wird bald begreifen, daß ein einzelner soziopathischer Gewalttäter in seinem Leben buchstäblich *Tausende* von Verbrechen begehen oder auslösen kann und wird ... Sie werden schon sehen, daß dann etwas in Bewegung kommt. Ich sage den Leuten, daß sich aggressive Pädophile vermehren, indem sie Kinder mit ihrem Gift infizieren, und die Kinder werden schließlich zu Nachahmern ... zu Trägern des soziopathischen Virus. Wenn die Öffentlichkeit *das* erst mal begreift, dann wird auch Geld dasein, dann werden finanzielle Mittel dasein, dann wird Engagement dasein.

LEGGEWIE: *Geld für die Verbrechensvorbeugung ist genug da?*

VACHSS: Wenn man sagt: »Wir wollen mehr Polizei!«,

sind alle einverstanden. Wenn man fordert: »Wir wollen mehr Jugend- und Kinderfürsorger«, das überhören die Leute. Sagt man ihnen jedoch, und das ist die Wahrheit: »Wenn ihr heute einen Dollar in die Jugend- und Kinderfürsorge investiert, erspare ich euch morgen einige hunderttausend Dollar für die Strafjustiz. Ihr spart Geld, ihr rettet euren Kindern das Leben, und letzten Endes rettet ihr euch selbst«, dann hört garantiert keiner weg.

LEGGEWIE: *So einfach soll das gehen?*

VACHSS: Warum nicht?

LEGGEWIE: *Weil die Leute dann erfahrungsgemäß für mehr Polizei votieren und die Politiker entsprechend in Law and Order investieren werden.*

VACHSS: Nein, das ist nicht wahr. Den Vorschlag, den ich Ihnen gerade erörtert habe, hat man der Öffentlichkeit noch nie ernsthaft unterbreitet. Wenn man aufhört, von »Kinderfürsorge« zu reden, und statt dessen »Verbrechensvorbeugung« sagt, und wenn Leute wie ich, Leute, die sich auskennen, den Menschen erklären: »Egal, wie viele Polizisten ihr auf die Straße schickt, hinter verschlossenen Türen läuft das Fließband weiter«, dann werden sie zuhören, das verspreche ich Ihnen. Herrgott nochmal, sie hören ja bereits zu – oder meinen Sie, meine Bücher sind deswegen so bekannt, weil sie »Thriller« sind? Nein. Viele Menschen hören und spüren die Wahrheit in dem, was ich schreibe. Ich habe einmal einen Jungen vertreten, der erst dreizehn Jahre alt war und einem Mann ein Messer ins Herz gejagt hat – einfach wegen der »Erfahrung«, hat er gesagt – er wollte sehen, was das für ein Gefühl ist. Der Junge kam aus einer absoluten Horrorfamilie: Sexuelle Gewalt war in seinem Leben so alltäglich wie die Tatsache, daß es abends dunkel wird.

Wissen Sie, was für Zeugen ich zu seiner Verteidigung aufgeboten habe? Nicht die Soziologen, wie Sie jetzt vielleicht erwarten – ich habe Polizisten in den Zeugenstand geholt. Und wissen Sie, was die vor Gericht gesagt haben: »Wenn Sie ihn ins Gefängnis schicken, dann ist er in drei oder vier Jahren wieder draußen, und wenn ich ihn das nächste Mal sehe, hat er wahrscheinlich eine Knarre – Sie können aber auch das tun, was sein Anwalt will, und, ja, holen Sie ihn zu Hause raus, aber stecken Sie ihn in eine therapeutische Einrichtung, nicht in die Haftanstalt. Ich, ein Polizist, der in diesen Straßen Streife gehen muß, habe Angst davor, was in fünf oder sechs Jahren aus dem Bürschchen werden kann.« Stellen Sie sich das mal vor, die Polizisten, die vermutlich erzkonservativ waren, haben mit mir, dem »liberalen Weichling«, der das Kind vor dem Gefängnis bewahren wolle, gemeinsame Sache gemacht. Und warum? Was war unser gemeinsamer Nenner? Pragmatismus, natürlich. Pragmatismus, nicht Ideologie.

LEGGEWIE: *Sie haben das Image eines absoluten Außenseiters und Einzelkämpfers.*

VACHSS: Bloß, weil ich keine herkömmliche Organisation habe, keine Zuschüsse kriege und kein Personal habe? Machen Sie nicht den Fehler, Geld und Engagement in einen Topf zu werfen. Jeder weiß, daß Freiwillige härter kämpfen als Gezogene, und ich habe eine Menge Freiwillige, die mir zur Seite stehen. Wenn es um meine Fälle geht, habe ich die Mittel zum Kämpfen, zu erfolgreichen Kämpfen. Aber wenn es um eher globale Fragen geht, um die Arbeit außerhalb des Gerichtssaals, dann müssen die Bücher meine Waffe sein.

LEGGEWIE: *Und wer unterstützt Sie? In Ihrem curriculum vitae steht: daß Sie zum Beispiel der* National Association of Counsel for Children *oder der* American Professional Society in the Abuse of Children *angehören,* *wichtigen Kinderschutzbünden der USA.*

VACHSS: Das heißt nichts weiter, als daß ich meine Beiträge bezahle. Ich gebe Geld für derartige Mitgliedschaften aus, damit ich, was Informationen und Veröffentlichungen auf diesem Gebiet angeht, auf dem laufenden bleibe. Ich habe noch nie an einer Versammlung teilgenommen und gedenke auch nicht, das zu tun. Und ich würde nie behaupten, daß irgendeine Organisation oder Behörde meine Ansichten unterstützt. Aber ich habe viele, viele Verbündete, mehr als Sie sich träumen lassen.

LEGGEWIE: *Zum Beispiel?*

VACHSS: David zum Beispiel (der an einem anderen Schreibtisch hier in dieser Kanzlei sitzt), ist Schauspieler. Er ist alles andere als ein herkömmlicher Kinder- und Jugendfürsorger – er ist ein Freiwilliger und arbeitet schon seit Jahren für mich, weil ihm etwas an der Arbeit liegt, die ich mache, und er sie nicht nur mit Worten unterstützen will. David (Joe Wirth) und Jill (Kotler) sind die besten Beispiele für das, was ich meine. Als Berufsschauspieler sind sie kürzlich in einem Stück von mir aufgetreten, das in London lief. Und weil sie meine Arbeit aus nächster Nähe kennen, konnten sie den Stoff nicht nur auf der Bühne interpretieren, sondern, was noch viel wichtiger ist, auch *nach* der Vorstellung ... dann kommen nämlich die harten Fragen.

LEGGEWIE: *Für Sie ist das Ganze ein Krieg?*

VACHSS: Es kommt nicht so sehr darauf an, *wie* man kämpft, als vielmehr darauf, *daß* man kämpft. Und genauso, wie ich überall Feinde finden kann, kann ich auch überall Verbündete finden. Meine Arbeit hat sehr viel mit anderen Menschen zu tun. Ich habe viele Verbündete, von denen Sie vielleicht gar nicht erwarten würden, daß sie mit mir an einem Strang ziehen. Das sind nicht unbedingt die Sozialarbeiter, die Polizisten oder Therapeuten, obwohl natürlich ein paar von denen darunter sind, sondern Menschen, denen wirklich etwas an dem liegt, was wir tun, und die einen Weg finden, dafür auch einzutreten – weil es nämlich ein großer Unterschied ist, ob jemand tatsächlich als Freiwilliger arbeitet oder ob er Lippenbekenntnisse abgibt. Außerdem habe ich Verbündete in der Wirtschaft, im Verlagswesen, auf allen möglichen Gebieten. Und was die Informationsquellen angeht, da habe ich vielleicht die besten, die es gibt – aktive Kriminelle, Leute, die in der Sexindustrie arbeiten, Häftlinge ... sogar Pädophile, die persönliche Querelen mit anderen Kinderschändern haben und deswegen bereit sind, mir Tips zu geben.

LEGGEWIE: *Und wie steht es mit Verbündeten in Ihrer Profession, den Juristen?*

VACHSS: Gute Frage. In der Anwaltschaft habe ich mir mit meiner Arbeit eher Gegner als Verbündete gemacht. Doch es gibt ein paar Kollegen, die im Lauf der Jahre bei diversen Fällen mit mir zusammengearbeitet haben, die ich achte, und mit deren Beistand ich wohl rechnen kann, wenn ich ihn brauche.

WOODY ALLEN, MICHAEL JACKSON UND ANDERE

LEGGEWIE: *Vor ein paar Tagen habe ich gelesen, daß ein schwarzer Rechtsanwalt einen KuKluxKlan-Führer verteidigt hat – warum auch nicht. Haben Sie schon mal einen Pädophilen verteidigt, oder würden Sie es tun?*

VACHSS: Vor etlichen Jahren wurde ich gebeten, einen Mann zu verteidigen, der des Inzests mit seiner halbwüchsigen Stieftochter beschuldigt wurde. Ich habe mit ihm geredet und gesagt, ich würde ihn verteidigen, vorausgesetzt, er gibt zu, was er getan hat, zwingt das Mädchen in keiner Weise zu einer Aussage, verspricht, sich von ihr fernzuhalten, und läßt sich ernsthaft auf eine Therapie ein. Ich dachte, ich würde damit etwas bewirken – das Mädchen wollte nicht aussagen, und seine »Rehabilitation« war für sie kein Thema, weil er nicht mehr nach Hause zurückkehren durfte. Der Mann paßte auch nicht ins klassische Schema das Pädophilen, der sich primär durch eine Vielzahl von Straftaten mit einer Vielzahl von Opfern über einen beträchtlichen Zeitraum hinweg auszeichnet. Aber der Mann ist aus der Therapie rausgeflogen. Er betrachtete den sexuellen Mißbrauch auch weiterhin als ein »Verhältnis«. Er weigerte sich, die Verantwortung für seine Tat zu übernehmen, und spielte sie weiter herunter. Er war einfach zu sehr von der Vorstellung besessen, Sex mit Jugendlichen zu haben; er ist dann schließlich doch im Gefängnis gelandet.

LEGGEWIE: *Und seither haben Sie es nicht nochmal versucht?*

VACHSS: Die Sache ist etliche Jahre her, und das war auch das letzte Mal, daß ich so was gemacht habe. Ich habe tatsächlich geglaubt, ich könnte helfen; das Mädchen hat durch meine »Hilfe« zwar keine Schwierigkeiten bekommen, aber genützt hat es ihr auch nichts. Ob ich einen Pädophilen mit den üblichen Anwaltstricks verteidigen würde, etwa, indem ich das Kind angreife oder sage, das Kind lügt? Nein.

LEGGEWIE: *Aber wenn jemand zu Ihnen kommt und sagt: »Ich weiß, was ich getan habe, ich bin krank, ich brauche Hilfe, und ich möchte mich unbedingt ändern.«*

VACHSS: Dann, ja, dann könnte es sein, daß ich ihn an irgendeinen mir bekannten Strafverteidiger vermittle und zusehe, ob sich da was machen läßt, natürlich immer mit Rücksicht auf die Interessen des Opfers. Aber das ist noch nie vorgekommen, und ich rechne auch nicht damit. Ich bin oft gefragt worden, ob ich nicht Fälle von sogenanntem »Kindesmißbrauch« übernehmen könnte ... zum Beispiel von aggressiven Pädophilen, die wollten, daß ich ihre »Liebesbeziehung« mit einem Kind verteidige, und zwar mit der Begründung, daß die leiblichen Eltern das Kind mißbraucht hätten. Daß die »Retter« dieser unglücklichen Kinder einfach nur eine neue Art von Unterdrückung auf sie ausüben, aber gewiß nicht »retten«, diese Feststellung erübrigt sich. So einen Pädophilen würde ich nie und nimmer vertreten.

LEGGEWIE: *Können Sie sich in einen Kinderschänder hineinversetzen?*

VACHSS: Sicher, ich kenne eine Menge Leute, die Kinderschänder verteidigen und sagen: »Diese Typen haben von Rechts wegen einen Anspruch auf einen Verteidiger. Was sie tun, muß mir nicht gefallen, ich muß ihnen nicht mal glauben.« Wenn andere Anwälte so denken, dann ist das ihre Sache. Die Wahrheit ist natürlich (jedenfalls, wenn man nicht gerade annimmt, daß die Gefängnisse heutzutage nur noch voll von Unschuldigen sind), daß es offensichtlich hier und da ein paar Anwälte gegeben haben muß, die den einen oder anderen schuldigen Mandanten verteidigt haben, stimmt's? Ein Rechtsanwalt ist kein Richter und auch kein Geschworener – ein Rechtsanwalt vertritt nicht die Gesellschaft, sondern seinen Mandanten. Ich sage nicht, daß man Kinderschänder nicht verteidigen darf ...

LEGGEWIE: *Aber das ist nichts für Sie?*

VACHSS: Nein.

LEGGEWIE: *Warum nicht? Es müßte Sie doch interessieren?*

VACHSS: Mich interessieren? Nein, ein Prozeß ist keine Schachpartie – für mich steckt da intellektuell nichts Interessantes drin. Ich würde es einfach nicht machen. Vielleicht bin ich überheblich, aber ich glaube, ich bin sehr gut auf meinem Gebiet – ich glaube, wenn ich Kinderschänder verteidigen würde, kämen viel zu viele ungeschoren davon.

LEGGEWIE: *Und wie würden Sie das schaffen, ich meine: Was wäre eine Verteidigung, die Sie akzeptabel fänden?*

VACHSS: Im Prinzip gibt es bei der Verteidigung von Pädophilen drei Strategien: 1. »Die Kinder lügen.« 2. »Die Kinder sagen die Wahrheit, aber ich bin nicht der Täter.« Oder 3. »Ich bin ein kranker Mensch, ich konnte nicht anders.«

LEGGEWIE: *Tricks also. Gibt es denn keine »aufrichtige« Möglichkeit, solche Leute zu verteidigen?*

VACHSS: Sicher: Wenn der Vorfall nicht stattgefunden

hat – wenn es nie passiert ist. Wenn das stimmt, dann ist das mit Sicherheit eine Klageerwiderung – die beste, die es gibt. Wenn nicht, dann hat man es wieder mal nur mit verschiedenen Lügen zu tun.

LEGGEWIE: *Die Gerichte stehen heute unter dem Druck der öffentlichen Meinung und neigen vielleicht dazu, Verdächtige zu schnell schuldig zu sprechen – das wäre auch ein Motiv für einen Strafverteidiger.*

VACHSS: Sicher, ein Verteidiger könnte behaupten, aufgrund des allgemeinen »Hexenjagd«-Klimas habe sein Mandant keinen fairen Prozeß bekommen. Es gibt sehr viele Leute, die das glauben, was Sie da gerade gesagt haben, obwohl es nicht stimmt. Ich habe ja schon gesagt: Die Legende dient dazu, den Täter zu *schützen*. Die Leute haben soviel von »Hexenjagden« und »falschen Beschuldigungen« gehört, daß sie bei allen Anzeigen dieser Art grundsätzlich mißtrauisch sind. Wenn man schon von Befangenheit redet, ist das eine Befangenheit *zugunsten* des Beschuldigten.

LEGGEWIE: *Weil sie glauben wollen, daß es einen massiven »Mißbrauch des Mißbrauchs« gibt?*

VACHSS: Sicher. Tatsächlich ist die Wahrscheinlichkeit, daß jemand wegen Raubes zu Unrecht verurteilt wird, nicht größer als die, das einem das wegen Kinderschändung passiert. Und das Verbrechen, bei dem der Täter am wenigsten Angst haben muß, ins Gefängnis zu kommen, ist Inzest.

LEGGEWIE: *Woody Allen ist, was seine Adoptivtochter betrifft, möglicherweise zu Unrecht beschuldigt worden. Der Staatsanwalt von Connecticut sah keine Basis für eine Anklage, hat aber trotzdem weiteren Verdacht auf den Filmregisseur gelenkt und den Prozeß nur aus angeb-*

licher Rücksicht auf das Kind ausgesetzt. Da wird aus einer wackeligen Anklage umstandslos ein Urteil, gegen das Unschuldige gar nichts mehr ausrichten können.

VACHSS: Was man in Connecticut gemacht hat, war falsch. Es war falsch, daß der Bezirksstaatsanwalt aufgestanden ist und gesagt hat: »Ich ziehe zwar die Anklage zurück, halte ihn aber nach wie vor für schuldig.« Und dann diese Schutzbehauptung von wegen: »Ich will dem Kind die traumatische Erfahrung einer Aussage ersparen.« Genau solche Ausreden gebrauchen Politiker, wenn sie eine Sache nicht weiterverfolgen wollen. Ist es denn für das Kind weniger »traumatisch«, wenn es wieder in die Obhut des Menschen zurück muß, der es mißbraucht hat? War der Bezirksstaatsanwalt also auf dem falschen Dampfer? Ich finde ja.

Und wenn Sie mich jetzt fragen, ob man Woody Allen wie einen Kinderschänder behandeln wird, dann will ich Ihnen mal erzählen, wie man in Hollywood mit Kinderschändern umgeht. Fragen Sie Roman Polanski. Er wurde wegen Geschlechtsverkehrs mit einem kleinen Mädchen zu einer Haftstrafe verurteilt, ist aber nach Europa geflüchtet.* Und was ist passiert? Ist er zum Ausgestoßenen geworden? Wo denken Sie hin! In Europa reißen sich alle um ihn – die kommen hier rüber, um Filme mit dem genialen Roman Polanski zu machen. Also, wo ist sie denn, die angebliche Ächtung? Die Leute haben sich Woody Allens Filme, bevor man ihn beschuldigt hat, angesehen. Woody Allen hat halt seine Masche. Und wenn die Leute sich das übergesehen haben, ihn irgendwann langweilig finden und nicht mehr in seine Filme gehen, dann bestimmt *nicht*, weil man ihm Kinderschändung vorgeworfen hat.

---

* Kurze Zeit nach diesem Gespräch stellte Polanski über einen Anwalt den Antrag, in die USA zurückzukehren zu dürfen, ohne mit einer Wiederaufnahme des Verfahrens rechnen zu müssen.

In »Künstlerkreisen« herrscht die Überzeugung, daß kreative Menschen eher das Recht hätten, sich Extratouren herauszunehmen, als der Durchschnitt. Sinken etwa die Einspielergebnisse eines Films, wenn der Hauptdarsteller seine Frau verprügelt oder Drogen nimmt oder sich sonst irgendwie asozial verhält? Die Antwort kennen Sie. Dasselbe bei Sportlern. Solange sie ihre Fans auf dem Spielfeld nicht enttäuschen, fragt keiner danach, ob sie ein Verbrechen begehen, und wenn es noch so schwer ist.

LEGGEWIE: *Ist er denn nun schuldig? Was denken Sie über den ganzen Fall?*

VACHSS: Ich kenne die Wahrheit nicht. Ich weiß nur, egal, wie die Wahrheit aussieht, von Gerechtigkeit kann jedenfalls nicht die Rede sein. Wenn er das Kind geschändet hat, dann müßte er jetzt im Gefängnis sitzen. Wenn er das Mädchen nicht geschändet hat und die Kleine regelrecht darauf programmiert worden ist, zu sagen, daß er es getan hat – dann muß man Mia Farrow dafür zur Rechenschaft ziehen. Grundsätzlich hätte man von Anfang an dafür sorgen müssen, daß das Kind therapeutisch stabilisiert wird, bevor irgendwer irgendwen wegen irgendwas beschuldigt. Ein Kind braucht seinen eigenen Anwalt, nicht einen, der von einer der Parteien bezahlt wird. Die Wahrheit kann nur ein erfahrener Rechtsanwalt zutage fördern, der das Kind einer klar gegliederten Befragung unterzieht und sich dabei exakt an die eigens für solche Gespräche erarbeiteten Standardfragebögen hält. Ob das geschehen ist, entzieht sich meiner Kenntnis.

LEGGEWIE: *Wohl kaum. Aber an allen bleibt etwas hängen.*

VACHSS: Manchmal ist ein Fall, bis er endlich bekannt wird, schon so undurchsichtig geworden, daß die Wahrheit nie mehr ans Tageslicht kommt. Eine Mutter, die das eigene Kind vor die Videokamera holt – von so etwas würde ich unbedingt abraten. Auf der anderen Seite hätte ich bei Woody Allen, der eine, zumindest psychisch gesehen, inzestuöse Beziehung zu einem Mädchen unterhält, das früher in ihm eine Vaterfigur sah und für dessen Geschwister er das immer noch ist, also bei ihm hätte ich allein deshalb, aber auch wegen seiner mangelnden Sensibilität in dieser Frage, doch große Bedenken, ob man ihm das Sorgerecht für Kinder übertragen sollte. Aber ob er ein Kinderschänder ist? Ich kann das nicht als erwiesen ansehen. Die Berichte waren allesamt fragwürdig, es gibt keinen eindeutigen Beweis, daß er dies oder das getan hat – die Konturen des Falles sind mehr als unscharf.

LEGGEWIE: *Um so schärfer sind die Medien darauf.*

VACHSS: Ich werde jede Woche nach irgendwelchen prominenten Fällen gefragt, und gebe darauf immer dieselbe Antwort: Zuerst muß ich mit den Kindern sprechen, mit ihnen arbeiten, *dann* kann ich antworten. Von Medienanalyse verstehe ich nicht viel, und bei Fällen dieser Art ist das, was die Medien berichten, nicht selten das, was wir »wissen«.

LEGGEWIE: *Ein anderer prominenter Fall, in dem man wohl kaum noch unterscheiden kann, ob die Anschuldigung zutreffend war, ist der Megastar Michael Jackson, der sonderbare Kinderfreund aus Neverland ...*

VACHSS: Ja, auch da ruft die Presse an, angeblich wegen einer Expertenmeinung, aber in Wirklichkeit wollen sie nur wissen, wie ich auf die Berichterstattung in den Medien reagiere – das beleidigt meine Berufsehre. Habe ich mit dem Kind gesprochen? Nein. Und denen, die mir diese blöden Fragen stellen, geht es doch im Grunde gar nicht um die Wahrheit – die interessiert doch bloß, daß Michael Jackson berühmt ist. Diese »Promi«-Fragen sind doch einfach idiotisch. Das ist genauso bescheuert, wie wenn man mich fragt, warum ich eine Tätowierung auf der Hand habe oder warum ich eine Augenklappe trage oder ob meine erste Frau wirklich Oben-ohne-Tänzerin war. Ich empfinde solche Fragen schlicht als Verletzung der Privatsphäre; mit ehrlichem journalistischem Bemühen um die Wahrheitsfindung in wichtigen Dingen hat das nichts zu tun. Als Ausrede höre ich immer wieder: »Die Leute wollen das aber wissen.« Das ist in meinen Augen keine Rechtfertigung.

LEGGEWIE: *Aber Sie haben sich doch eine Meinung dazu gebildet?*

VACHSS: Im Fall Jackson gibt es einen entscheidenden Punkt, den die Medien offenbar nicht zur Kenntnis nehmen wollen. Im Fall Roman Polanski war doch das Schockierendste, daß Polanski das Kind weder entführt noch ihm Drogen gegeben hat – man hat ihm das Mädchen ins Haus gebracht, vermutlich, weil sie Schauspielerin werden sollte oder wollte. Angenommen, Michael Jackson hat das getan, was man ihm vorwirft – ich sage nicht, er hat –, wie ist er überhaupt über einen solchen Zeitraum permanent an das Kind herangekommen? Darüber schweigen sich alle aus. Und dabei ist die eigentliche Frage bei den meisten dieser Fälle, wie der Täter Kontakt mit dem Opfer haben konnte. Die Amerikaner beten ihre Prominenten derart an, daß sie nicht bereit sind, ihnen negative Motive zu unterstellen, ganz gleich, wie fragwürdig sie sich aufführen. Wenn ein Durchschnittstyp einen Mord begeht, dann haben alle schreckliches Mitleid ... mit dem *Opfer*. Ist der Mörder jedoch ein Prominenter, dann bekunden die Leute bloß ihr Mitleid mit dem *Killer*.

LEGGEWIE: *Im Zweifel für den Beschuldigten. Die liberale Presse, die immer mehr auf Distanz geht zum Thema sexueller Mißbrauch, seit die Regenbogenpresse mit heuchlerischen Sensationsberichten aufmacht, stellt sich auch schützend vor bekennende Pädophile, die aus dem Staatsdienst entlassen werden sollen. Ein exemplarischer Fall hier in New York war Peter Melzer, Mitglied der North American Man-Boy Love Association und Lehrer an der Bronx High School of Science, der aus dem Klassenzimmer in die Schulverwaltung verbannt wurde. Er bestreitet, jemals Sex mit minderjährigen Jungen gehabt zu haben, aber die* New York Post, *ein Boulevardblatt mit hoher Auflage, verurteilte ihn mit der Schlagzeile:* perverser Lehrer, *und die Behörde versetzte ihn in eine Abteilung, in der er nichts mit Schülern zu tun hat, um ein »effektives Funktionieren« des Unterrichts zu gewährleisten. Sollte er weiter unterrichten dürfen?*

VACHSS: Ich glaube, wir haben ein Recht auf freie Meinungsäußerung, aber wir haben auch ein Recht darauf, daß die Fakten ans Licht kommen. Ich würde nicht sagen, er darf nicht mehr unterrichten, aber wenn sich herausstellt, daß er ein Pädophiler ist, wenn sich herausstellt, daß er für Sex mit Kindern eintritt, dann meine ich, daß die Eltern das Recht haben, darüber informiert zu werden. Der Mann unterrichtet immerhin an einer Eliteschule, die einerseits nur Kinder aufnimmt, die ihre Eignung nachgewiesen haben, und zu deren Besuch andererseits kein Kind verpflichtet ist. Als Vater kann ich also entscheiden, ob ich meinen Sohn oder meine Tochter auf diese Schule gehen lasse oder nicht. Oder ich kann sagen, ich möchte zwar, daß sie diese Schule besuchen, wünsche aber nicht, daß sie bestimmte Fächer belegen, nicht wahr? Aber bevor ich eine Entscheidung treffe, will ich genauestens über alles informiert sein. Ich bin nicht der Meinung, daß Menschen wegen ihrer Überzeugungen oder öffentlichen Verlautbarungen ihren Job verlieren sollten. Aber ich meine, daß die Eltern ein Recht auf umfassende Information haben, so daß sie hinsichtlich ihrer Kinder vernünftige Entscheidungen treffen können. Dieser Mensch hat das Recht auf Selbstdarstellung, aber er hat kein »Recht« darauf, Kontakt zu Kindern zu haben – die Entscheidung darüber muß den Eltern überlassen bleiben. Und wie soll ich meine elterliche Sorgepflicht und die Sicherheit meiner Kinder garantieren können, wenn mir die relevanten Fakten verschwiegen werden?

LEGGEWIE: *Auch wenn Pädophile gefährlich sind, genießen sie Meinungs- und Pressefreiheit.*

VACHSS: Wenn wir ihre Selbstdarstellung unterbinden würden, wären sie noch viel gefährlicher. Ich finde, sie sollen ruhig reden, sollen publizieren, sollen ihre schmutzigen Bücher schreiben, ihre miesen kleinen Debatten führen, wo sie wollen. Aber wenn sie von Berufs wegen Macht über Kinder haben, dann finde ich, haben die Eltern dieser Kinder das Recht, genauestens informiert zu werden – und das ist in dem von Ihnen erwähnten Fall nicht geschehen.

LEGGEWIE: *Aber beginnt da nicht die Überempfindlichkeit?*

VACHSS: Wie kann es ohne zuverlässige Informationen überhaupt ein Problembewußtsein geben? Ist mein Vorschlag, daß man über jemanden, der eine Machtposition hat, Bescheid wissen muß, denn so faschistisch? Die Eltern haben ein Recht darauf, über einen Lehrer angemessen informiert zu werden, und damit meine ich nicht, ob er verheiratet ist oder ledig (oder homosexuell) oder was er verdient – aber wenn ein Lehrer Mitglied einer Organisation ist, die für Sex mit Minderjährigen eintritt, dann haben Eltern meines Erachtens unbedingt das Recht, das zu wissen.

LEGGEWIE: *Aber es gibt selbsternannte Kinderschützer, die das Gras wachsen hören und jetzt an jeder Ecke Mißbrauch wittern, jeden männlichen Kindergärtner auf den Kieker nehmen oder schon argwöhnisch werden, wenn ein Vater seinen Sohn liebevoll umarmt oder streichelt. Die Presse ist voll von solchen Geschichten, und liberale Autoren warnen: Laßt uns nicht zu weit gehen!*

VACHSS: Für anderer Leute Neurosen bin ich doch nicht verantwortlich. Wenn die sagen: »Wir sind zu weit gegangen«, dann erklären Sie mir doch mal, wie man das macht, daß man einerseits nicht zu weit, aber andererseits auch nicht auf Beschwichtigungskurs geht und nicht die Waffen streckt und sagt: »Am besten, ihr tut gar nichts, weil nämlich das *Risiko* besteht, daß ihr zu weit geht!« Dann kommt es eines Tages so weit, daß aus lauter Angst vor »falschen Beschuldigungen« überhaupt niemand mehr beschuldigt wird. Das ist doch alles bloß Gewinsel, damit sagen die Leute doch nur auf die sanfte Tour, daß sie keine Entscheidung treffen wollen. Die pure Feigheit ist das. Ich versuche hier, die Stimme der Vernunft zu sein. Ich sage: »Wir brauchen Fragebögen, die sich bewährt haben, so daß das Kind in München auf die gleiche Weise befragt wird wie das in Berlin, von geschulten und erfahrenen Praktikern, die einheitlich nach denselben Kriterien ausgebildet sind und die nach Beweisen fragen, nicht nach politischen Interessen.« Denen, die sagen: »Oh mein Gott, wir sind zu weit gegangen!«, habe ich konkrete Lösungsvorschläge unterbreitet – so muß man an die Probleme herangehen; Jammern reicht nicht.

LEGGEWIE: *Aber es kann Fehler geben.*

VACHSS: Ja, einverstanden, es kann Fehler geben, und deswegen müssen wir ein System schaffen, in dem nur die Gesetzesbrecher Grund haben, den Ausgang einer

Ermittlung zu fürchten. Die einzige Möglichkeit, *beide* Seiten zum Schweigen zu bringen – denn die eine Seite sagt: »Wir sind zu weit gegangen, und jetzt haben wir eine Hexenjagd!«, und die andere Seite sagt: »Tausende von Kindern werden weltweit in internationalen Satanssekten gequält; Kinder sind nirgendwo mehr ihres Lebens sicher!« –, die einzige Möglichkeit ist, Leute als Ermittler einzusetzen, die von Berufs wegen nach der Wahrheit forschen und deren persönliche Interessen vom Ausgang der Ermittlungen nicht berührt sind. Warum wollen die Kritiker das nicht? Sie machen weiter mit ihrem »Mißbrauch des Mißbrauchs«, weil sie finden, daß sich das gut anhört, und weil es sich in Zeitungen und Illustrierten hervorragend verkauft. Aber das sind nicht die Leute, die auf eine Veränderung oder Verbesserung hinarbeiten.

LEGGEWIE: *Katharina Rutschky, eine bekannte deutsche Kritikerin, hat noch ein anderes Argument. Sie sagt, die »erregte Aufklärung« über eine bedauerliche, aber doch nicht ganz so aufregende Sache wie Kindesmißbrauch diene vor allem der Stellenbeschaffung jobsuchender Therapeuten und Sozialarbeiter – und je haarspalterischer und weitreichender die Untersuchungsmethoden werden, desto mehr Stellen und Moralprämien gibt es.*

VACHSS: Das ist ja vielleicht eine Logik! Das würde ja heißen, wenn die Wissenschaftler einem neuen Virus auf der Spur sind, dann geht es ihnen in Wirklichkeit darum, Arbeit für die heranwachsende Generation von Chemikern und Biologen zu schaffen? Wenn von einem Ansteigen der Kriminalität die Rede ist, dann geht es in Wirklichkeit darum, die Zahl der Stellen für Polizisten aufzustocken? Wenn man darüber diskutiert, was mit dem Giftmüll werden soll, dann ist das in Wahrheit nur ein Trick, um die Ökologen zu beschäftigen? Ich weiß nicht, wovon die Frau redet, aber mit mir und der Arbeit, die ich mache, hat das nichts zu tun. Wenn die Vorschläge, von denen ich geredet habe, aufgegriffen würden, würde das in Wahrheit bedeuten, daß Stellen eingespart werden können!

LEGGEWIE: *Wie?*

VACHSS: Ich habe gerade mit einem deutschen Staatsanwalt gesprochen, und das war sehr lehrreich für mich. Er sagte mir, bei Kindesmißbrauch müsse das mutmaßliche Opfer zu mindestens *sieben* Vernehmungen. Das heißt, daß sieben verschiedene Menschen auf das Kind einreden! Wenn ich vorschlage, die Opfer in entsprechend ausgerüsteten Räumen nach einem einheitlichen Befragungssystem zu vernehmen und das ganze Gespräch aufzuzeichnen, damit es später beim Prozeß verwendet werden kann, wie kann ich denn da zusätzliche Stellen schaffen?

Wenn man das ganze Procedere vernünftig vereinheitlichen würde, das könnte nicht nur sehr, sehr viele Menschenleben retten, sondern würde auch Millionen Dollar sparen. Außerdem hätte ich überhaupt nichts dagegen, heute mehr Sozialarbeiter einzustellen, wenn wir dafür morgen weniger Polizisten brauchen würden.

LEGGEWIE: *Die meisten Strafverteidiger und Sozialarbeiter stimmen darin überein, daß man den Kindern in aller Regel glauben kann und muß, außer in Sorgerechtskonflikten, wo sie vielleicht von einer oder beiden Seiten aufgehetzt werden. Berichterstattung und Gesetzgebung ignorieren das ja häufig.*

VACHSS: Das sind eigentlich zwei Fragen in einer. Genau das ist übrigens auch so ein Problem beim Umgang der Medien mit dem Thema Kindesmißbrauch, vielleicht sogar das Hauptproblem. Scheinbar betrifft Ihre Frage die Gesetzgebung, aber gleichzeitig impliziert sie eine

Annahme, die, wenn sie unwidersprochen bleibt, zur »Tatsache« wird. Ich rede natürlich von der angeblichen »Tatsache«, daß Kinder, die bei Sorgerechtsstreitigkeiten aussagen, wahrscheinlich von den Eltern beeinflußt und daher weniger glaubwürdig sind. Für diese Behauptung gibt es absolut keinen Beweis. Vielmehr hat man bei allen eingehenden Untersuchungen Beweise für das Gegenteil gefunden. Bevor man zu so einem Schluß kommt, muß man viele Faktoren analysieren, und zwar bei *jedem* Fall von neuem. Ein Beispiel: Viele Kinder sagen nicht, daß sie sexuell mißbraucht worden sind, solange die Scheidung beziehungsweise Trennung nicht erfolgt ist, weil sie sich erst dann sicher fühlen, wenn der Täter aus dem Haus ist.

LEGGEWIE: *Aber die Eltern – siehe den »Fall« Allen/Farrow – könne ihre Kinder im Ehekrieg benutzen.*

VACHSS: Ja, und manche Eltern drohen damit, daß sie behaupten werden, ihr Kind sei sexuell mißbraucht worden; sie benutzen das als Druckmittel, um eine bessere Regelung für sich selbst zu erzielen. Und was ich bisher gesagt habe, das gilt ganz genauso für einen Streit um das Sorgerecht – das Kind braucht einen unabhängigen Rechtsbeistand, die Befragungen müssen von geschulten Kräften durchgeführt werden und so weiter. Aber daß Kinder, die Gegenstand von Sorgerechtsstreitigkeiten sind, in der Regel dazu gebracht werden, zu lügen, sie seien sexuell mißbraucht worden, ist einfach nicht wahr, und ich weigere mich, zur Legendenbildung beizutragen, indem ich das unwidersprochen stehenlasse.

LEGGEWIE: *Die Gesetzgebung hängt von der Politik ab und wird stets an der Realität vorbeigehen, zumal sowohl die Liberalen als auch die Konservativen ihre Gründe haben, es ebenso zu halten. Die Liberalen sagen, sie müssen die »Privatsphäre« schützen, und die Konservativen sagen, die »Familie« ist heilig.*

VACHSS: Überlegen Sie doch mal: Wenn ein Kind fahrlässigerweise wieder zu seinen Eltern zurückgeschickt wird und diese es umbringen, und wenn die Presse dann von der Jugendfürsorge wissen will, warum man das Kind wieder ins Elternhaus gelassen hat oder wie das Kind vor dem Mord mißbraucht wurde, dann kann die Behörde die Antwort unter Hinweis darauf verweigern, daß Akten über Kindesmißbrauch grundsätzlich »vertraulich« sind. In wessen Interesse liegt denn diese »Vertraulichkeit«? Bestimmt nicht in dem des Kindes – das ist ja tot. In dem der Eltern auch nicht, denn die werden strafrechtlich verfolgt. In Wahrheit dient diese »Vertraulichkeit« also nicht dem Schutz des Kindes, sondern die *Behörde* benutzt sie, um sich selbst zu schützen.

Und dagegen haben weder die Liberalen noch die Konservativen etwas einzuwenden. Sie schützen, jeder auf seine Weise, die Erwachsenen und die staatlichen Stellen. Und das Kind? Nach dem kräht kein Hahn.

LEGGEWIE: *Wie kommt man da heraus?*

VACHSS: Weder die politischen Parteien noch irgendein einzelner Politiker, kein Schwein kümmert sich um den Schutz der Kinder. Ich schätze, in Amerika und wahrscheinlich auf der ganzen Welt kriegt man mehr Menschen dazu, sich für die Rettung der Wale einzusetzen, als solche, die bereit sind, sich für die Rettung der Kinder zu engagieren. Manche Leute hier in Amerika halten das Rauchverbot in Restaurants für einen Befreiungsschlag für die Menschheit. Das ist auch der einzige Schlag, den diese Leute sich auszuteilen trauen – einer, der keine Mühe macht, der ungefährlich ist und der kein Geld kostet.

EINE KINDHEIT IN NEW YORK

LEGGEWIE: *Ich habe irgendwo gelesen, daß Sie in der Lower East Side aufgewachsen sind.*

VACHSS: East Side ist ganz falsch, ich komme von der Lower West Side.

LEGGEWIE: *Gehört das zu Ihrem Versteckspiel?*

VACHSS: Ich spiele doch nicht Verstecken. Im Grunde ist das geradezu ein Paradebeispiel dafür, wie die Medien »Tatsachen« schaffen, die keine sind. In einer Illustrierten steht, ich sei an der East Side geboren, und das wird dann zur »Tatsache«. Wenn mich dann ein anderer Journalist fragt, so wie Sie gerade, und ich sage West Side, schon schreibt ein dritter, ich würde lügen ... oder ob ich etwa bestreiten wollte, daß ich »widersprüchliche Angaben« gemacht hätte? Tatsache ist, daß ich meine Kindheit ein paar Straßen südlich der Houston Street verbracht habe – damals hieß die Gegend noch nicht »SoHo« –, in der Charlton Street, einer Querstraße, die von der 6th Avenue zum Fluß führt.

LEGGEWIE: *Woher kommt eigentlich der Name Vachss?*

VACHSS: Manche Journalisten sprechen meinen Namen »Vox« aus – auch so eine »Tatsache«. Wir nennen uns »Vax«. Und wo der Name herkommt, das wissen wir auch nicht. Der Vater meines Vaters hieß bereits so, aber mein Vater hat es nicht mehr geschafft, ihn nach dem Ursprung zu fragen – als sie meinen Großvater, nach dem Ersten Weltkrieg in die Heimat zurückgebracht haben, war er schon todkrank. Er starb in einem Veteranenlazarett; mein Vater war damals noch ein kleiner Junge.

LEGGEWIE: *Auf welcher Seite kämpfte Ihr Großvater?*

VACHSS: Er war Amerikaner und kämpfte für sein Land. Genau wie mein Vater im Zweiten Weltkrieg gekämpft hat. Der Vater meiner Mutter ist illegal nach Amerika gekommen. Mein Großvater mütterlicherseits hat uns kaum etwas erzählt. Soweit ich weiß, stammte seine Mutter aus Spanien, sein Vater war auch Europäer: Ungar vielleicht oder Russe, vielleicht auch Zigeuner. Mir ist der Name »Vachss« noch kein weiteres Mal begegnet, nirgendwo auf der Welt, deshalb vermute ich, daß sich der Name ursprünglich anders geschrieben hat und bei den Einwanderungsformalitäten irgendwie verändert wurde. Ich glaube nicht, daß er irgendwas bedeutet ...

LEGGEWIE: *Im Deutschen schon, aber von »Wachs« kommt er ja wohl kaum.*

VACHSS: Das ist mir egal – stolz bin ich nicht auf den Namen an sich, sondern auf die, die ihn vor mir getragen haben.

LEGGEWIE: *Sie sind 1945 geboren. Wie war es in dieser Ecke, der Lower West Side, nicht weit von Ihrem Büro am unteren Broadway, Ende der 40er Jahre?*

VACHSS: In meinem Viertel lebten Menschen der unterschiedlichsten Provenienz. Es war eine bunte Mischung, aber eine, die *funktionierte* – ich habe mich dort als Kind immer sicher gefühlt. Heute kann man in New York gar nicht recht sagen, wie dieses oder jenes Viertel ist, weil das Profil und auch die äußeren Grenzen sich ständig radikal verändern. Mein altes Viertel ist heute weitaus teurer als damals. Das Haus, in dem ich aufgewachsen bin ... und glauben Sie mir, wir hatten sehr wenig Geld – heute muß man verdammt gut betucht sein, um in demselben Haus zu wohnen, denn inzwischen ist das eine begehrte Lage. In meiner Kindheit war es eine der sichersten Wohngegenden. Als ich zwei Jahre alt war, ließ mich meine Mutter, wenn sie einkaufen gehen mußte, im Süßwarenladen mit der Verkäuferin allein, die auf mich aufpaßte, oder sie ließ mich bei den alten Männern, die auf dem Bürgersteig ihren Anisette tranken. An so was ist heute nicht mehr zu denken, das ist vorbei.

LEGGEWIE: *Durch Gentrification und Gewalt. In Ihren Romanen hat man den Eindruck, daß Sie New York lieben und hassen zugleich. Würden Sie, wenn Sie nicht Anwalt wären, von hier weggehen?*

VACHSS: Aber sofort, keine Frage. Ich würde gern irgendwo leben, wo es warm und trocken ist, aber damit meine ich nicht die Sahara.

LEGGEWIE: *Südkalifornien?*

VACHSS: In Kalifornien ist es nicht trocken, da ist es feucht. Und Los Angeles ist eine der wenigen Städte, die ich noch unerträglicher als New York finde. Ich würde die Nordwestküste vorziehen, irgendwo am Pazifik, oder vielleicht den Südwesten, Arizona, New Mexico...

LEGGEWIE: *Empfinden Sie eine Haßliebe zu New York?*

VACHSS: Nein, Liebe ist nicht dabei.

LEGGEWIE: *Auch in den Vereinigten Staaten werden Sie als eine sehr newyorkische Person gezeichnet.*

VACHSS: Wer sagt das? Leute, die mich nicht kennen, oder? Woran erkennt man denn einen »typischen« New Yorker?

LEGGEWIE: *Ihre Romane könnten kaum woanders spielen.*

VACHSS: Das ist wahr – New York ist eine Figur in meinen Büchern, doch der *Stoff*, das, wovon meine Bücher handeln, das gibt es überall. Ich habe nichts dagegen, hier wegzugehen. Ich bin schon lange dazu bereit.

LEGGEWIE: *Egal, ob arm oder reich: Diese Viertel links und rechts vom unteren Broadway scheinen mir verdammt heruntergekommen und unsicher zu sein, auch wenn ich sie nicht aus früheren Zeiten kenne.*

VACHSS: Da haben Sie absolut recht. Wenn ich von Sicherheit rede – es gibt verschiedene Arten von Sicherheit, aber dort, wo ich meine Kindheit verbracht habe, war der Zusammenhalt so stark, daß mich, wenn meine Mutter nicht da war und ich auf dem Gehsteig spielte und auf die Straße laufen wollte, irgendeiner von den Erwachsenen zurückhielt und gesagt hat: »Mach das lieber nicht!«, und das fanden alle völlig in Ordnung. Für die Leute dort war klar, daß es die Sache aller ist, auf Kinder aufzupassen. Das gibt es heute nicht mehr. Die Stadt ist in sehr, sehr vieler Hinsicht verkommen, aber am schlimmsten sind die Angst und die Resignation in den Augen der Kinder. In dieser Stadt sterben jedes Jahr so viele Kinder – in vielen Gegenden ist es schon ganz alltäglich, daß die Leute blindlings rumballern.

LEGGEWIE: *»Gute Nachbarschaft« ist natürlich immer sehr ambivalent. Das bedeutet: Sorge für den anderen* und *soziale Kontrolle.*

VACHSS: In einer echten *Gemeinschaft*, wo jeder jeden kennt, gibt es vielleicht weniger Privatsphäre, aber dafür auch mehr Sicherheit. Sie können mir glauben, wenn in meiner Kindheit ein Fremder in meinem Viertel die Straße langging, hat alles geflüstert: »Wer ist das denn? Den Menschen kennen wir nicht«, und wenn es ein Mann war, wurde er manchmal angesprochen; »Was wollen Sie hier?« Sicher, das gibt's heute nicht mehr.

LEGGEWIE: *Aus so einer geschlossenen Gemeinschaft geht auch nichts heraus, zum Beispiel das Wissen über einen Kinderschänder – das ist die Kehrseite.*

VACHSS: Da haben Sie den Nagel auf den Kopf getroffen. Ich glaube, als ich Kind war, wäre es für einen Kinderschänder weitaus schwieriger gewesen, auf der Straße rumzulungern. Andererseits kam kein Mensch auf den Gedanken, ein Kind, das daheim war, könnte nicht sicher sein. Heute wissen wir es besser. Wir wissen, daß die Straßen gefährlich sind, und es wird viel davon gefaselt, sie sicher zu machen. Aber wenn wir es nicht schaffen, daß auch innerhalb der *Familie* Sicherheit herrscht, dann werden wir erleben, daß die Straßen immer wieder von Generationen gewalttätiger Kinder überschwemmt werden.

LEGGEWIE: *Die Familie als Hort der unbeschädigten Kindheit ist schwer in Mißkredit geraten. Die Konservativen bei uns argwöhnen schon, daß die Aufklärung über den Familieninzest eine neue Kampagne gegen die Familie sei, jetzt nur mit anderen Vorzeichen.*

VACHSS: Diese Logik begreife ich nicht – das sehe ich nicht ein. Wenn wir nicht bereit sind, die Familie nicht nur biologisch, sondern auch unter sozialem Aspekt zu definieren, dann hat der Begriff Familie keinen Inhalt. Eine Gruppe blutsverwandter Wesen, die ihre Kinder foltern – das ist doch keine »Familie«. Ein Mann, der seine Kinder sexuell mißbraucht, ist kein »Vater«. Nicht mal ein »Mann« ist das. Eine Frau, die ihre kleine Tochter zur Kinderpornographie zwingt, ist keine »Mutter«. Und so weiter, und so weiter, aber letzten Endes kommt es doch viel weniger darauf an, was wir *sind*, als auf das, was wir *tun*. Von einer Kampagne gegen die »Familie« kann doch überhaupt nicht die Rede sein. Die Kampagne richtet sich gegen den Mißbrauch von Kindern, und jeder Idiot weiß, daß sich da die meisten Fälle innerhalb der sogenannten »Familie« ereignen.

LEGGEWIE: *Das hat man früher nicht für möglich gehalten.*

VACHSS: Stimmt, in den fünfziger und sogar noch in den sechziger Jahren, als die Leute glaubten, die Gefahr gehe immer von Fremden aus, hat man das nicht so gesehen. Inzwischen aber wissen wir, daß ein Kind in der Familie genauso gefährdet sein kann wie anderswo, vielleicht sogar noch mehr. Außenstehende haben es heutzutage sogar noch *leichter*, Kinder zu mißbrauchen. Eltern müssen ihre Kinder viel öfter Fremden anvertrauen, es ist durchaus nicht mehr die Regel, daß ein Elternteil ständig zu Hause ist, und es gibt nicht mehr die »Gemeinschaft«, die auf die Kinder aufpaßt.

Sämtliche Regeln haben sich geändert. Als ich Kind war, zeigte meine Mutter mir die Kinder einer bestimmten ethnischen Gruppe und sagte: »Warum kannst du nicht auch so sein wie die – die sind so fleißig, so intelligent, so höflich zu ihren Eltern – die machen garantiert nicht bei irgendwelchen Gangs mit.« Raten Sie mal, von welcher Gruppe sie geredet hat?

LEGGEWIE: *Die New Yorker Chinesen?*

VACHSS: Richtig! Aber heute würde das *niemand* mehr sagen. Amerika hat sie in seinen Bann gezogen; heute gibt es genauso viele chinesische Jugendgangs wie hispano-amerikanische.

LEGGEWIE: *Und Chinesen tun ihren Kindern auch Gewalt an. Ist es zu pathetisch, zu viel verlangt, daß Kinder ein Recht auf Schutz, ein Recht auf Unschuld haben sollten?*

VACHSS: Sicher, Kinder haben ein Recht auf Unschuld. Aber sie haben auch ein Recht auf Bewußtsein. Und wenn das beides miteinander in Konflikt gerät, müssen wir dem Bewußtsein die Priorität geben. Kinder haben absolut das Recht auf einen Lebensabschnitt, in dem sie frei sind von Angst, Schrecken und Schmerz – da stimme ich zu. Aber ich weiß nicht, ob das »Unschuld« ist. Ich wußte als Kind, daß es schlimme Dinge gibt auf der Welt, ja – aber vor zu Hause habe ich nie Angst gehabt. Ich meine, Kinder müssen wissen, daß es schlimme Dinge auf der Welt gibt – dieses brauchen sie zu ihrem eigenen Schutz. Welcher Narr würde denn heute seinen Kindern sagen, sie sollen zu Fremden ins Auto steigen? Ich glaube nicht, daß Kinder zu klein sind, um zu erfahren, wie es auf der Welt zugeht. Unschuld, ja – aber Unwissenheit ist beileibe kein Segen. Angenommen, eine Mutter geht mit ihrem kleinen Sohn die Straße entlang, und sie kommen an einem Haus mit einem Pitbull im Garten vorbei. Egal, wie klein der Junge ist – dafür, daß man ihm sagt, er soll die Hand nicht durch den Zaun stecken, ist er bestimmt nicht zu klein.

LEGGEWIE: *Das liberale Erziehungsideal heißt nicht Unschuld – das setzen wir heute mit Naivität und Verführbarkeit gleich. Kinder sollten lieber* cool *und aufgeklärt sein. Es stört uns nicht besonders, wenn sie »frühreif« sind. Was halten Sie von der sogenannten »sexuellen Revolution« seit den 60ern?*

VACHSS: Diese »Revolution« war eher eine Gegenreaktion auf die Repressalien und die Überwachung als eine Suche nach etwas Neuem. Vielleicht war sie in mancher Hinsicht eher ein Rückzug als ein Fortschritt. Die Leute haben damals eher gesagt, was sie *nicht* wollten, nicht so sehr, was sie wollten. Und was die Auswirkungen auf die Kinder angeht, so prallten in jener Zeit, bei uns im Land, einfach verschiedene Wertesysteme aufeinander. Es herrschte allgemeine Verwirrung. Und weil Kinder stets ein gewisses Maß an Stabilität und Beständigkeit suchen, schlossen sich viele ganz junge Menschen Bewegungen an, die im Grunde keine Inhalte hatten. Auf jeden, der einem erzählt, wie himmlisch und liebevoll es in den sechziger Jahren in San Francisco zugegangen sei, kommt einer, der von Motorradbanden und Drogendealern berichtet und von Leuten, die per Chemie abgehoben haben und nie wieder runtergekommen sind, von Gangs, die Frauen vergewaltigt haben, und von Menschen, die aus Mülltonnen aßen ... das große »Experiment« funktionierte einfach nicht. Wie gesagt, es war sowieso eher eine Reaktion als ein Experiment. Ich glaube, wir mußten die fünfziger Jahre hinter uns lassen – es ist schon so, wie Sie sagten, mit der ungeheuren Naivität, die wir damals hatten, hätten wir gar nicht überleben können.

Leggewie: ... *und Repression. Manche empfanden die Familien als wahre Gefängnisse ...*

Vachss: Ja. Und anderen, mir zum Beispiel, kam die Schule wie ein Gefängnis vor. Ich habe die Schule gehaßt, ich hatte dazu nie eine Beziehung. Die haben sich nicht um mich geschert – ich mich nicht um sie. Die meisten meiner Freunde und alles, was ich gemacht habe ... mit der Schule hatte das nicht das geringste zu tun. In der Schule haben sie mich irgendwie bald abgeschrieben und gemeint, ich sei einer höheren Bildung nicht würdig. Die Botschaft der Schule war deutlich: Auf dem Schulgelände gab es das Einberufungsbüro für den Wehrdienst, und gegenüber, auf der anderen Straßenseite, war eine große Flugzeugfabrik. Man sieht seine Zukunft vor sich, und man hat das Gefühl, man sitzt in der Falle. Entweder man geht zum Militär oder man stellt sich ans Fließband und baut Flugzeuge, mehr ist nicht drin. Aufs College bin ich nur gegangen, weil ich nicht in die Fabrik wollte.

LEGGEWIE: *Normalerweise würden Sie heute irgendwo am Fließband stehen?*

VACHSS: Viele Leute sind vor solch einem Schicksal davongelaufen, aber das war eine spontane Flucht – etwa so, als ob man aus einem brennenden Haus läuft, um den Flammen zu entgehen; von einer Suche nach neuen Ufern oder neuen Wegen konnte keine Rede sein! Und die ganzen Gurus, all die Messiasse, die in den sechziger Jahren auftauchten, waren größtenteils Scharlatane. Sie haben gepredigt, aber ihre Predigten waren hohl und leer. Die haben mehr Schaden als Nutzen angerichtet. Aber ich denke, das mußte auch so sein – es war eine Evolution, keine Revolution. Die Leute mußten sich dagegen wehren, daß ihnen jede Entscheidung abgenommen wurde – von der Schule, der Kirche, der Familie, von wem auch immer ...

MEINUNGSFREIHEIT UND
GEWALTVERBOT

LEGGEWIE: *Linksliberale befürchten oft, der Feldzug gegen den Kindesmißbrauch könnte die positiven Wirkungen der sexuellen Befreiung umkehren und überhaupt die Liberalisierung seit den 60er Jahren rückgängig machen, uns also wieder die rigiden Verhältnisse der 50er Jahre bescheren. Die überzogene, manchmal hysterische Abwehr von Vergewaltigung, Mißbrauch, sexueller Anmache würden außerdem eine endlich freier gewordene Sexualität überschatten. Und die Konservativen behaupten dagegen, die sexuelle Revolution habe den ganzen Schlamassel herbeigeführt, und machen den kulturellen Umbruch als »Kulturrevolution« für alle Übel der heutigen Welt verantwortlich.*

VACHSS: Im Grunde geht es weder bei der einen noch bei der anderen Position wirklich um solche Fragen wie Unterdrückung und Freiheit. Tatsächlich handelt es sich hier um die typische *politische* Auseinandersetzung zwischen links und rechts, und weder die einen noch die anderen haben Argumente. Die Wahrheit ist: Wenn einer im Ernst meint, in den neunziger Jahren werde die Sexualität unterdrückt, der sollte mal mit offenen Augen durch New York gehen. Unser Rotlichtbezirk ist mobiler als der in Amsterdam, aber nicht schwerer zu orten. Sicher, am Times Square kriegt man nach Einbruch der Dunkelheit vielleicht andere Attraktionen geboten als in der Gegend um den Meat Market, aber Sie brauchen bloß irgendeine Zeitung in die Hand nehmen, da werden Sie mehr Anzeigen für kaum verhohlene Prostitution finden als für irgendwas anderes. Telefonsex ist heute ein Geschäft, das unglaubliche Gewinne abwirft. Schauen Sie sich zum Beispiel das hier an (zeigt eine Werbebroschüre: Bilder von einem kleinen Mädchen, das an einem Lutscher leckt). Stellen Sie sich mal vor, in den sogenannten sexuell befreiten Sechzigern hätte es eine Telefonnummer gegeben, unter der man kleine Mädchen zum Ficken finden kann. Wir haben doch heute mehr kommerziellen Sex als je zuvor, und viel mehr Spielarten. Schauen Sie sich die S/M-Typen an, die Leute mit ihren Rollenspielen, die Cybersex-Spieler, die Fetischisten, die Kinderschänder – die haben alle ihre eigenen Zeitschriften und Illustrierten, und sie haben ihre eigenen Räumlichkeiten. Wo ist denn da die Unterdrückung? Daß ich beim Bumsen Kondome benutzen muß, ist keine »Unterdrückung«, das ist eine Reaktion auf die AIDS-Seuche.

Und glauben Sie bloß nicht, New York sei etwas Besonderes! Oder meinen Sie, in London, Amsterdam, Paris, Bangkok oder Berlin könne man nicht auch in jeder Form Sex kaufen, inklusive Sex mit Kindern? Es mag sein, daß der Sex heutzutage eher eine kommerzielle Transaktion als ein Austausch von Liebe ist, aber ich sehe nicht, daß er unterdrückt wird.

LEGGEWIE: *Gibt es denn keine neue Prüderie in den USA, keinen Rückschlag?*

VACHSS: Ich lasse mir nicht weismachen, daß hier irgend jemand sexuell unterdrückt wird. Ich rede jetzt nicht von *seelischer* Unterdrückung – die ist natürlich paradoxerweise eine der zahlreichen negativen Folgen des sexuellen Kindesmißbrauchs –, ich rede schlicht und einfach von den Möglichkeiten, sich sexuell zu betätigen. Wenn hier welche behaupten, sie sind gegen Kinder- und Jugendschutzgesetze, weil sie »Unterdrückung« befürchten – wo waren die denn, als die Homosexuellen unterdrückt wurden? Schwule waren allen möglichen Formen der Brutalität ausgesetzt, von der Diskriminierung am Arbeitsplatz bis hin zum Mord. Wo waren denn da all die braven Leute, die *jetzt* Angst haben, daß jemand »unterdrückt« werden könnte? Diese ganzen Scheinargumente, die Sie genannt haben, dienen doch nur dazu, ein politisches Programm voranzutreiben, und tragen nicht zur Befreiung der Menschen bei. Und wenn einer eine solche politische Motivation hat, dann wird er aus dieser Motivation heraus jede Tatsache, mit der man ihn konfrontiert, vom Tisch wischen.

LEGGEWIE: *Was kann man denn tun gegen solche Anzeigen? Sollte man überhaupt etwas unternehmen?*

VACHSS: Solange, wie es in diesem Land Recht auf freie Meinungsäußerung gibt, kann man gegen Meinungsäußerungen nicht vorgehen. Die Menschen können alles sagen und schreiben, was sie wollen. Ich habe wieder und wieder gesagt, Kinderpornographie fällt nicht unter das Recht auf freie Meinungsäußerung – hier wird ein Verbrechen fotografisch dargestellt. Grundsätzlich gilt: Kein Land darf eine »Gesinnungspolizei« haben, der Mensch hat das Recht, zu denken und zu fühlen, was und wie er will ...

LEGGEWIE: *Gott sei Dank, oder?*

VACHSS: Dank wem oder was auch immer, so weit bin ich jedenfalls einverstanden.

LEGGEWIE: *Trotzdem: Die sexuelle Befreiung hat ja nicht nur die Gedanken und Worte gelöst, sondern vor allem Bilder freigesetzt, mit denen Kinder heute an allen Ecken und Enden bombardiert werden. Es gibt Kulturpessimisten, die von einem regelrechten Saustall reden, der totalen Enttabuisierung.*

VACHSS: Ja, aber wie immer, wenn es um Kindesmißbrauch geht, sind sich die Extremisten der Linken wie der Rechten im Grunde einig. Der Meese-Ausschuß über die Pornographie zum Beispiel, der aus eingefleischten Rechtskonservativen besteht, hat erklärt, daß Pornographie sexuelle Gewalt auslöst. Das ist dieselbe Position, wie sie die extreme Linke einnimmt. Ein gutes Beispiel ist dafür Andrea Dworkin. Sie verlangt ein Gesetz, wonach, wenn jemand eine Vergewaltigung begeht und nachweislich durch Pornographie zu dieser Vergewaltigung motiviert wurde, der Hersteller der Pornographie belangt werden kann. Ich bewundere Andrea Dworkin als Schriftstellerin, und ich achte sie als Streiterin. Sie handelt nach ihren Überzeugungen, sie riskiert etwas, und ihre Lauterkeit und ihr Engagement stehen außer Frage. Aber manche ihrer Argumente sind in meinen Augen katastrophal falsch.

LEGGEWIE: *Was setzen Sie dagegen?*

VACHSS: Das ist ein bißchen kompliziert. Wenn wir ein Verbot der Pornographie anstreben, dann müssen wir zuerst einmal definieren. Meine Definition ist einfach und pragmatisch: Wenn Minderjährige betroffen sind, versteht sich die Ungesetzlichkeit von selbst. Danach wird die Sache schon schwieriger, denn wenn man Erwachsenenpornographie untersagt, dann ist davon ja nicht nur das Filmen und Fotografieren derartiger Handlungen betroffen, sondern dann sind die entsprechenden Handlungen an sich untersagt. Daß die Leute, die im Pornographiegeschäft sind, allesamt willenlose Sklaven sind oder dazu gezwungen wurden, das kaufe ich Ihnen nicht ab. Hier geht es nämlich um immense Summen.

LEGGEWIE: *Und daß die Pornographie an sich sexuelle Gewalt auslöst, ist überhaupt nicht erwiesen.*

VACHSS: Bei jedem Serienkiller, der gefaßt wird und in

dessen Wohnung man bei der Hausdurchsuchung pornographisches Material findet, heißt es: »Na bitte! Der Auslöser war die Pornographie!« Aber diese Logik existiert einfach nicht. Die Pornographie bestätigt doch im wesentlichen nur die Bilder, die man bereits im Kopf hat. Wenn es wahr wäre, daß jeder, der Pornographie liest, zum Vergewaltiger wird, dann könnten wir doch die Vergewaltiger, die wir erwischen, einfach in ein Zimmer setzen und ihnen Liebesromane zu lesen geben. Glauben Sie im Ernst, das Bewußtsein eines Menschen ändert sich, wenn er sich mit etwas auseinandersetzen muß, was ihn langweilt?

Natürlich werden in manchen pornographischen Erzeugnissen unterschwellig Gewalt und Gemeinheit verherrlicht – manche machen mir derartige Gänsehaut, daß ich fast schon glauben möchte, wer so was liest, der muß einfach ein schlechter, ein böser Mensch sein. Manche verherrlichen Gewalt gegen Frauen so offenkundig, daß man schon einen Schreck bekommt, wenn man sich vor Augen hält, daß es für so was überhaupt einen Markt gibt. Aber eine *brauchbare Definition* dessen, was »obszön« ist, hat der Gesetzgeber bis heute nicht erlassen. Und wenn man Fotos mit der Begründung verbieten kann, daß dadurch Frauen erniedrigt werden, was ist dann mit den Texten? Wer will die beurteilen?

LEGGEWIE: *Manche haben Sorge, daß der Kreuzzug gegen die Pornographie nur ein Vorwand für die Beschränkung der Pressefreiheit sein könnte.*

VACHSS: Ich glaube, wenn der Staat heute sagt, dieses darf nicht mehr geschrieben werden, dann sagt er morgen, jenes darf nicht mehr geschrieben werden. Ich habe Angst vor einer Gesellschaft, in der irgendeine Gruppe uns vorschreiben kann, was wir lesen dürfen, was wir schreiben und denken dürfen.

LEGGEWIE: *Aber dahinter verstecken sich natürlich auch die übelsten Pornographen. Die Frage, die meistens gestellt wird, heißt: Wie wirkt Pornographie? Müßte man nicht eher fragen: Warum stellen wir sie her?*

VACHSS: Bei Gewaltpornographie wird mir schlecht. Ich habe mich oft geweigert, meine Arbeit in Illustrierten veröffentlichen zu lassen, die ich persönlich widerlich finde. Und das ist die einzige redliche Art, so was zu bekämpfen – man muß seine Mißbilligung ökonomisch zeigen, durch Boykott. Wenn man versucht, so was über die Gesetzgebung zu regeln, wer soll da entscheiden, was akzeptabel ist? Das beunruhigt mich am meisten.

LEGGEWIE: *Also keine Grenzen, keine Tabus?*

VACHSS: Natürlich gibt es die. Ich persönlich ziehe die Grenze beim Verhalten. Wenn man sie bei den Phantasien zieht ... genauer gesagt, bei der Auslegung von Phantasien, öffnet man der sozialen und politischen Unterdrückung Tür und Tor. Das erinnert mich zu sehr an die Gesetze, die darauf abzielten, was einer *ist* – ob Schwarzer, Jude, Homosexueller oder was –, und nicht darauf, was er *tut*. Ich glaube nicht, daß man abweichendes Sexualverhalten dadurch in den Griff bekommt, daß man die *Bilder* unterdrückt. Menschliche Bestialität gab es schließlich schon, bevor die Fotografie erfunden war. Sexuelle Gewalttaten gab es doch schon, bevor es Zeichnungen gab, bevor der Mensch angefangen hat, Bilder in Höhlenwände zu ritzen.

LEGGEWIE: *Für einen »Krieger« sind Sie jetzt erstaunlich moderat.*

VACHSS: Ein Krieger ist jemand, der kämpft. Wenn das, was ich sage, sich für Sie »moderat« anhört, dagegen habe ich nichts, solange Ihnen klar ist, daß ich absolut bereit bin, für meine Überzeugungen zu kämpfen, genauso wie irgendein Extremist. Ich bin für Boykott, ich bin für Wirtschaftssanktionen. Ich bin sogar für Demonstrationen. Aber einen Regierungsausschuß für Pornographie, der dasitzt wie die Preisrichter bei einem olympischen Schnüffelwettbewerb und sagt: »Dieser Film kriegt 5,3 Punkte auf der Verbotsskala«, den darf es nicht geben.

LEGGEWIE: *Diesen Eiertanz führt unsere Freiwillige Selbstkontrolle jeden Tag auf. Gilt diese Unterscheidung zwischen freien Gedanken und verbotenen Taten auch für Nazi-Propaganda?*

VACHSS: Ja, unbedingt! Wie sollen die Leute denn merken, wie unsäglich dumm diese Nazis sind, wenn man sie nicht zu Wort kommen läßt, wenn man ihnen nicht das Recht auf freie Meinungsäußerung einräumt. Sonst merkt doch kein Mensch, daß die total bankrott sind, und zwar nicht nur moralisch, sondern auch geistig. Dumm ist noch geschmeichelt. Wir können uns kaum besser gegen sie wehren, als daß wir sie zu Wort kommen lassen. Wenn man anfängt zu sagen, irgendwem gehört der Mund verboten, dann weiß ich nicht, wo das enden soll. Ich kann mir nur eine Gruppe vorstellen, die ein Interesse daran hätte, die öffentliche Meinungsäußerung zu verbieten, und das sind die Totalitaristen, die Zugriff auf Presse und die Medien unter ihren Einfluß bringen wollen. Wenn wir uns entschließen, den Totalitarismus durch Pressezensur zu bekämpfen, dann tun wir genau das, wovor wir Angst haben. Und darum sage ich, wenn die Leute verlangen, daß man diese gemeinen Kinderschänder foltern sollte, sofort: Nein!, das dürfen wir nicht tun, und sollten wir auch nie tun.

LEGGEWIE: *Viele Antifaschisten sind so fasziniert von ihren Gegnern, daß sie werden wie sie: intolerant, hysterisch, gewalttätig.*

VACHSS: Neulich war ich Gast in einer Talkshow; der Moderator redete über irgendwelche verrückten »Sammler«, die einfach alles kaufen, wenn es nur »selten« ist. Es gibt sogar Leute, sagte er, die Geld hinlegen würden für Hitlers Asche. Er hat mich gefragt, und das sollte wohl ein Witz sein, was ich davon halte. Ich habe ihm gesagt, ich würde Hitlers Asche kaufen, wenn ich damit erreichen könnte, daß Hitler wirklich Asche ist, und das war mein voller Ernst. Aber wenn Adolf Hitler heute mit mir in diesem Zimmer wäre, foltern würde ich ihn nicht.

LEGGEWIE: *Sie würden Hitler (oder Karadžić) umbringen, wenn Sie vor Ihnen stünden?*

VACHSS: Töten? Sicher. Aber wenn man foltert, wird man genauso wie das, was man auszumerzen versucht. Wer sich liberal nennt und sagt: »Am liebsten würde ich alle Nazis in Konzentrationslager stecken« ..., der ist genau nicht besser als die, die Hakenkreuze tragen – von der Denkweise besteht da kein Unterschied.

LEGGEWIE: *Oder wer, wie Eldridge Cleaver, dazu auffordert, zum höheren Ziel der Befreiung der Schwarzen weiße Frauen zu vergewaltigen.*

VACHSS: Ja, sicher. Das ist typisch amerikanisch – dieser Rechtfertigungszwang. Manche Leute machen einfach, was sie wollen, und wenn sie erwischt werden, sagen sie: »Aber ich habe doch aus rein sozialpolitischen Motiven gehandelt.« Folglich rauben sie nicht Banken aus, sondern sie »befreien« das Geld. Mitunter habe ich das Gefühl, die sechziger Jahre zeichnen sich allem dadurch aus, daß sie uns mehr hohle Phrasen beschert haben als irgendein anderes Jahrzehnt.

LEGGEWIE: *Nicht nur in Amerika.*

DIE SECHZIGER JAHRE

LEGGEWIE: *Die 60er Jahre waren keine bedeutende Periode für Sie, biographisch und im allgemeinen?*

VACHSS: Die sechziger Jahre für mich? Wenn Sie damit meinen, ob ich meine Zeit damit verplempert habe, von einem Marihuanaparadies zu träumen, wo alle Menschen Brüder sind – damit hatte ich überhaupt nichts am Hut. Ich habe damals im Auftrag der amerikanischen Regierung Geschlechtskrankheiten erfaßt. Meinen Sie, wer so etwas gemacht hat, kann die sechziger Jahre noch toll finden? Ich habe Kinder gesehen, die Syphilis hatten ...

LEGGEWIE: *Sie arbeiteten damals als »Field Investigator for Task Force on Eradication of Syphilis« beim* U.S. Public Health Service *in Ohio ...*

VACHSS: ... während die anderen auf ihren rosaroten Gitarren geklimpert und ihren Gefühlen nachgelauscht haben. Ich habe mich den Hippies nicht sehr verwandt gefühlt. Manche von denen konnte ich einfach nicht leiden, weil die mich von oben herab behandelt haben mit ihrem Gerede von wegen die »Arbeiterklasse« braucht dies, die »Arbeiterklasse« braucht jenes. Ich komme selbst aus der Arbeiterklasse, und ich habe gewiß keine Pseudointellektuellen gebraucht, die mir vorschreiben wollten, was ich zu brauchen habe ... zumal die doch im Grunde auch nur Phrasen anzubieten hatten. Ich habe sie doch gesehen, diese komischen Typen, die freiwillig einen auf arm gemacht haben. Manche davon stammten aus sehr wohlhabenden Verhältnissen, andere aus der Mittelklasse ... die haben sich fürs Aussteigen entschieden. Aber wenn ihnen das zu hart wurde, konnten sie jederzeit zu Hause anrufen und um Geld bitten.

LEGGEWIE: *Es gab auch andere.*

VACHSS: Ja, und vor denen habe ich bis heute Respekt, weil bei ihnen kein Widerspruch zwischen Reden und Handeln bestand. Und, ehrlich gesagt, wenn ich die gesehen habe, hatte ich das Gefühl, das sie glücklich waren. Aber mein Weg war das nicht. Nach dem Job als Ermittler ging ich zum New Yorker Amt für Sozialfürsorge. Und dort habe ich erlebt, wie unsagbar aberwitzig man hierzulande mit der Armut umgeht. Wenn eine Horde Hippies ohne Strom oder Wasseranschluß leben will, meinetwegen, das ist ihr gutes Recht. Aber es gab so viele Menschen, die in solch entsetzlichen Verhältnissen lebten, ohne es zu wollen ... Und dann bin ich nach Biafra gegangen, mitten hinein in diesen wahnwitzigen Krieg. Als ich zurückkam, waren die sechziger Jahre zu Ende, sie waren einfach an mir vorbeigegangen.

LEGGEWIE: *Der französische Arzt Bernard Kouchner, ein Linker Ihrer Generation, ist damals auch von Paris aus nach Biafra gegangen. Er hat die »Medecins sans frontières« gegründet und mit diesem humanitären Engagement die politisch-ideologischen Schlachten der 60er hinter sich gelassen. Für Abenteuer waren Sie ja 1969/70 schon zu alt?*

VACHSS: Schön wär's gewesen. Biafra hatte wohl nicht zuletzt etwas mit Abenteuer zu tun, warum soll ich Ihnen da was vormachen? Hinzu kam schlicht und einfach die Selbstüberschätzung: Ich wollte jedes dieser Kinder persönlich retten. Passiert ist folgendes: In den USA wurden Milliarden Dollar für die Biafra-Hilfe gesammelt. Man brauchte bloß den Fernseher einzuschalten, und schon sah man diese gestochen scharfen Bilder von verhungernden Kindern. Irgendwann fragte sich das Stiftungskonsortium, dem unter anderem die »Save the Children Foundation« etwa und die »Community Development Foundation« angehörten und das einen Beraterstatus bei der UNO innehatte, ob von dem Geld wirklich Nahrungsmittel gekauft wurden. Es wurde also jemand gebraucht, der ins Kriegsgebiet vordrang und berichtete, wie es dort aussah. Das war nach dem Abschuß der Rot-Kreuz-Maschine, nach dem Abzug der Blauhelme, als die Journalisten ihre Berichte schon nicht mehr rausschicken konnten. Es war 1969, kurz bevor Biafra gefallen ist. Es war unheimlich schwer, ins Land zu kommen – ich mußte erst nach Lissabon und dann nach Genf zu jemandem, der mir einen Brief mitgab, mit dem ich mich bei den Biafranern ausweisen sollte. Erst flog ich nach Süden, nach Angola, dann nach Norden, nach Sao Tomé. Und von dort bin ich schließlich aufgebrochen.

LEGGEWIE: *Was haben Sie aus dem Debakel gelernt?*

VACHSS: Mir war sofort klar, daß mein toller Traum, diese Kinder zu beschützen, sich nicht verwirklichen ließ. Man konnte nur hoffen, daß wenigstens ein paar von ihnen überlebten, denn das, was dort geschah, war der reinste Völkermord. Nicht nur, daß geschossen wurde, man hat den Boden mit Salzen vergiftet, hat Flüsse in Brand gesteckt ... Aber die eigentliche Waffe war der Hunger. Jede Nacht gab es Bombenangriffe, Gewehrfeuer. Sicher, viele Menschen sind dadurch gestorben. Aber der Nahrungsmangel und die fehlende medizinische Betreuung brachten die Leute genauso effektiv um, wenn auch nicht so schnell.

LEGGEWIE: *Die Lehre könnte man ja auch auf heute übertragen: Man kann natürlich nicht alle Kinder vor Gewalt schützen, aber doch versuchen, so viele wie möglich zu retten.*

VACHSS: Wohltätige Organisationen benutzen häufig Bilder von hungernden und sterbenden Kindern, um die Leute zum Spenden zu bewegen, und das klappt ja auch ganz gut. Aber was in Biafra passiert ist, war schlimmer als Krieg. Biafra war ja nur eine Idee, nicht wahr – das Land, um das es ging, war Nigeria. Was dort ablief, war ein Stammeskrieg – die Ibo und die Joruba gegen die Haussa. Und neben dem Tribalismus gab es heftige religiöse Konflikte – auf der einen Seite standen die Christen, auf der anderen die Moslems. Das Land hatte sie gerade erst unlängst vom Kolonialismus befreit, unter dem es einigen Stämmen besser gegangen war als anderen, und so gab es überdies noch ein paar alte Rechnungen zu begleichen. Doch obwohl sich alle darüber im klaren waren, daß dort unschuldige Kinder getötet wurden, gab es keine handfesten Bemühungen, die kämpfenden Parteien voneinander zu trennen.

LEGGEWIE: *Daran hat sich bis heute nicht viel geändert.*

VACHSS: Wer sich in einen Krieg einmischen will, um Kinder zu beschützen, der muß schon massiv werden. In meinen Augen ist die UNO ein zahnloser Tiger – sie tritt in Kriegsgebieten nicht mit der Präsenz auf, die nötig ist, um dem Kämpfen Einhalt zu gebieten. In Somalia hat das die UNO auch nicht getan, wo die Dinge sich viel leichter hätten in den Griff kriegen lassen als in Biafra. Im Biafrakrieg standen wichtige Interessen auf dem Spiel, wenn Sie sich erinnern. Vor der nigerianischen Küste gab es beträchtliche Erdölvorkommen. Außerdem verloren die Portugiesen damals gerade ihre Kolonien im südlichen Afrika, und von Lissabon aus konnten sie ihre Luftstreitkräfte nicht einsetzen. Dazu hätten sie schon Stützpunkte gebraucht, die erheblich näher lagen. So ist das eben: Die Politiker schachern, und inzwischen sterben die Kinder. Wenn wir aus Biafra, wo eine ganze Generation von Kindern umgekommen ist, nichts gelernt haben, dann wird sich dieser Schrecken immer wiederholen.

LEGGEWIE: *Das kann ich nun wiederum nicht akzeptieren.*

VACHSS: Sie glauben mir nicht? Sie brauchen bloß Ihren Fernseher einzuschalten und sich Ruanda anzusehen.

LEGGEWIE: *Das Konzept der »humanitären Intervention« hat sich heute weit mehr durchgesetzt, aber es steht auf sehr schwachen Füßen.*

VACHSS: Mit schönen Reden ist da nichts zu machen. Die einzige Möglichkeit ist ein massives militärisches Eingreifen, und zwar nicht zugunsten der einen oder der anderen Seite, sondern mit dem Ziel, eine Sicherheitszone zu schaffen, in die Flüchtlinge gehen können, wo sie eine Zuflucht finden. Wenn man das nicht schafft, kann man im Grunde nicht viel machen.

LEGGEWIE: *Auch ein Krieg.*

VACHSS: Und dieses Eingreifen muß auf der Basis einer wirklich internationalen militärischen Präsenz erfolgen, nicht nur durch das Militär eines mächtigen Landes. Es ist schon zu oft passiert, daß mächtige Länder bei Bürgerkriegen aus Gründen in schwächere Länder einmarschiert sind, die alles andere als humanitär waren. Solange die UNO nicht über eine eigene Streitmacht mit ausreichender Truppenstärke, angemessener Bewaffnung und hohem Ausbildungsgrad verfügt, dürfte die »humanitäre Intervention« wohl ein Traum bleiben.

DAS BÖSE UNSCHÄDLICH MACHEN

LEGGEWIE: *Wir werden jetzt wieder sehr kriegerisch. In den meisten Artikeln über Sie steht schon in der Schlagzeile: Der Racheengel, oder so ähnlich, und die meisten Leute wollen Sie ja auch so sehen. Wie sehen Sie sich selbst?*

VACHSS: Ich und ein Engel? Nein. Aber Rache? Sicher. Gerechtigkeit ist zum Teil auch Vergeltung. Ich verstehe ja, daß das Ziel die Wiedereingliederung des Täters ist, nicht zuletzt für den Täter selbst. Aber wer von den Opfern erwartet, daß sie keine Rachegefühle hegen, hat meiner Meinung nach die menschliche Natur nicht begriffen.

LEGGEWIE: *Darüber streiten die Experten.*

VACHSS: Oh ja, die »Experten«. Die Kinder, die ich vertrete, hat man geschädigt, man hat sie brutal mißhandelt, hat ihnen furchtbar weh getan. Ich will nur dafür sorgen, daß sie in Sicherheit sind, ich will, daß die Menschen, die ihnen weh getan haben, dafür büßen. Das stelle ich gar nicht in Abrede – ich halte das für richtig.

LEGGEWIE: *Aber nicht Sühne oder Revanche, sondern Resozialisation ist im allgemeinen das Ziel der Strafjustiz.*

VACHSS: In manchen Fällen, da stimme ich Ihnen zu. Ich habe Ihnen vorher die drei Tätertypen, mit denen wir es bei Kindesmißbrauch zu tun haben, beschrieben. *Typ I* halte ich unbedingt für resozialisierbar. Bei diesem Tätertyp liegt mir nichts an Vergeltung, und auch bei den Verrückten interessiert mich die Vergeltung nicht. Vergeltung kann sich nur gegen die Täter richten, die böse sind.

LEGGEWIE: *Was soll das bringen, außer einem verständlichen Rachegelüst nachzugeben?*

VACHSS: Das zeigt dem Opfer, daß die Gesellschaft das Handeln des Täters entschieden mißbilligt. Und dem Täter zeigt es, daß seine Tat nicht folgenlos bleibt. Es setzt einen moralischen Akzent für die Gesellschaft. Und den Täter zur Verantwortung zu ziehen und unschädlich zu machen ist Teil der Vergeltung.

LEGGEWIE: *Dann wäre es das beste, Kapitalverbrecher ganz zu beseitigen.*

VACHSS: Ich bin gegen die Todesstrafe.

LEGGEWIE: *Warum eigentlich? Das wäre doch die einfachste Methode, Übeltäter unschädlich zu machen. Was haben Sie gegen die Todesstrafe?*

VACHSS: Weil bei der Anwendung der Todesstrafe stets Vorurteile im Spiel gewesen sind, die entweder die Rasse oder die Klassenzugehörigkeit oder auch den Geldbeutel betreffen. Den Kriminellen hält nicht die Höhe der Strafe ab, sondern die Gewißheit, daß er bestraft wird. In Amerika wird die Todesstrafe absolut zufällig gehandhabt, das ist wie bei einer Lotterie.

LEGGEWIE: *Wobei der Hauptgewinn der elektrische Stuhl ist.*

VACHSS: Außerdem besteht nicht der mindeste Grund zu glauben, daß die Todesstrafe etwas bewirkt. Bei unseren vielen Bundesstaaten kann man durchaus ordentliche Vergleiche anstellen. Wenn wir uns die Zahl der

Morde ansehen, so gibt es da keinen Unterschied zwischen den Staaten mit Todesstrafe und denen ohne. Einige Staaten, die die Todesstrafe hatten, stellten nach Abschaffung keinerlei Veränderungen fest. Andere Staaten führten sie ein, und auch dort blieb die Zahl der Morde konstant. Als Abschreckung hat die Todesstrafe versagt.

LEGGEWIE: *Trotzdem steigt die Zahl der Urteile und Exekutionen.*

VACHSS: Zwischen dem Todesurteil und seiner Vollstreckung liegen im Schnitt mehr als ein Dutzend Jahre, und so wird der Verurteilte zum Prominenten. Egal, ob einer Kinder geschändet und gequält hat, in dem Moment, wo er in der Todeszelle landet, ist er plötzlich wer – er bekommt Heiratsanträge von irgendwelchen Irren. Wenn so einer »Kunst« produziert, reißen sich »Sammler«, die nicht bei Trost sind, darum; er kriegt Buch- und Filmangebote ... Wenn man mal durchrechnet, was das alles kostet, wenn man bedenkt, wie ekelhaft und wirkungslos es ist, wie sehr von Vorurteilen behaftet, und wenn man sich obendrein noch vorstellt, daß ja auch ein verhängnisvoller Irrtum passiert sein könnte, dann muß man einfach gegen die Todesstrafe sein.

LEGGEWIE: *Ich habe eine ganz prinzipielle Aversion gegen die Todesstrafe, auch gesetzt den hypothetischen Fall, ihre Bedingungen wären erfüllt und man könnte jeden Mißbrauch, jeden Showeffekt, jede Perversion vermeiden. Wir sind als Menschen dazu verdammt, auch mit Monstern zusammen zu leben.*

VACHSS: Nein. Wenn irgendein Schwein in mein Haus eindringt, werde ich mein Haus natürlich verteidigen. Aber die Art, wie die Todesstrafe gehandhabt wird, empfinde ich als ritualisiert, als Unterhaltung für echt verkommene Menschen, und in diese Richtung sollte sich unsere Gesellschaft nicht bewegen. Man kann ja nie ausschließen, daß jemand zu Unrecht verurteilt wird, aber nicht bloß deshalb bin ich dagegen. Wenn Sie mir vormachen, wie die Todesstrafe rasch, human und ohne Ritual vollzogen werden kann, wie sie nach dem Gleichheitsgrundsatz zu handhaben ist, das heißt, ohne Rücksicht auf die Rassen- oder Klassenzugehörigkeit des Delinquenten, und wenn sie ausschließlich bei Tätern zur Anwendung kommmt, die mindestens schon einmal wegen eines Kapitalverbrechens vorbestraft sind, so daß nicht die Gefahr besteht, daß man einen Unschuldigen umbringt – dann hätte ich keine moralischen Probleme damit.

LEGGEWIE: *Gnadenlos?*

VACHSS: Diese Verdammung kann ich ebensowenig hinnehmen wie eine Niederlage. Es gibt durchaus eine Sorte von Menschen, mit denen wir *nicht* zusammenleben müssen, eine ganz spezielle Sorte von Menschen. Ich glaube, ehrlich gesagt, für das Gros der Häftlinge brauchen wir keine Hochsicherheitsgefängnisse – nur für die, bei denen in der Tat Fluchtgefahr besteht und die eine Gefahr für die Allgemeinheit darstellen, wenn sie auf freiem Fuß sind.

Und bei solchen Menschen meine ich halt: Man darf nicht zulassen, daß das Raubtier Beute macht, es darf keine Gelegenheit mehr haben zur Jagd. Und das heißt Inhaftierung – die einzig sichere Möglichkeit, Gesetzesbrecher dieses Kalibers unschädlich zu machen. Die Haftbedingungen sind mir egal – die sollen meinetwegen in jeder Hinsicht anständig und human sein. Aber die Täter sollten bis an ihr Lebensende in Haft bleiben. Die Vollzugsbehörden meinen, jeder Häftling müsse die Hoffnung auf Bewährung haben können; sie gehen davon aus, daß dies die Gefangenen während der gesamten Dauer ihrer Haft zu guter Führung motiviere. Sämtliche einschlägigen Untersuchungen belegen allerdings, daß die Häftlinge in der Regel erst ein oder zwei Jahre, bevor sie den Antrag auf Bewährung stellen dürfen, anfangen, sich gut zu führen, so daß der Zweck der Übung ohnehin verfehlt ist. Ich bin der Meinung, der Gefangene sollte durch sein Verhalten im Gefängnis Einfluß darauf nehmen können, wie sich der Vollzug für ihn gestaltet – sicher, er ist eingesperrt und kann nicht raus, aber über seine Haftbedingungen kann er mit seinem Verhalten mitentscheiden, und das kann so weit gehen, daß ihm ein gewisses Maß an Luxus zugestanden wird und er bestimmte Privilegien erhält. Über die Haftbedingungen soll der Gefangene ruhig bis zu einem gewissen Grade mitbestimmen dürfen, aber zu keinem Zeitpunkt darf darüber diskutiert werden, ob er freikommt. Zu keinem Zeitpunkt.

LEGGEWIE: *Haben Ihre Todeskandidaten denn keine Menschenwürde?*

VACHSS: Würde? Das verstehe ich nicht. Soll das heißen, weil ich sage, das sind Bestien, gestehe ich Ihnen ihre Menschenwürde nicht zu?

LEGGEWIE: *Auch Killer haben einen Anspruch auf eine menschenwürdige Behandlung, oder nicht? Wir müssen ihnen wenigstens eine Chance geben!*

VACHSS: Die hatten doch Chancen über Chancen! Ich rede hier nicht von Leuten, die einmal eine Straftat begehen – ich rede auch hier nur von den Gewohnheitstätern.

LEGGEWIE: *Und eine weitere Chance verdienen sie nicht?*

VACHSS: Es gibt einen Punkt, wo die Sache umkippt. Es gibt einen Punkt, wo man sagt, das Maß ist voll – noch ein Tropfen, und es läuft über. Es gibt einen Punkt, wenn der erreicht ist, darf man kein Risiko mehr eingehen. Sie reden von Menschenwürde, aber wir sind doch hier diejenigen, denen die Würde genommen wird von solchen Verbrechern. Und da sollen wir uns als gute Liberale hinstellen und sagen: »Ach, das ist schon okay, ihr könnt uns ruhig terrorisieren. Wir verstehen das schon …«

LEGGEWIE: *Wir wollten uns noch darüber unterhalten, warum Menschen böse sind.*

VACHSS: Ich bin ein strikter Gegner der Ansicht, daß Menschen von ihren genetischen Anlagen her kriminell sein können. Darum habe ich ja meine Sammlung von Short Stories *Born Bad* genannt, weil ich die Aufmerksamkeit des Lesers auf das zentrale Thema meiner Arbeit lenken wollte – der Titel ist bitterer Sarkasmus. Weder der Wille noch die Entscheidungsfreiheit des Menschen haben etwas mit den Genen zu schaffen. Und wenn Sie mich fragen, ob es für mich ein moralisches Problem wäre, wenn jemand, der Kinder zu Tode gefoltert hat, hingerichtet würde, dann kann ich nur sagen: Nein, absolut nicht.

LEGGEWIE: *Da sind Sie so entschlossen, als wäre Adolf Hitler im Zimmer.*

VACHSS: Es gibt einfach Menschen, die so böse sind, daß ihre schiere Existenz die Welt verseucht. Nur ein Irrer könnte auf den Gedanken kommen, Adolf Hitler sei therapiefähig – und ein Nazi wäre der Ansicht, daß Hitler gar keine Therapie nötig hat. Wenn man Hitler töten würde, dann würde man damit auch ein Exempel statuieren, denn die Menschen müssen sehen, daß das Böse nicht ungestraft walten kann. Für die Nazis ist es doch typisch, daß sie über die Schwachen herfallen und sich gleichzeitig vormachen, sie selbst wären unverwundbar. Ich meine, der Gedanke, daß der Böse für sein Verhalten zur Rechenschaft gezogen wird, ist ein ganz wesentliches Element eines echten sozialen Fortschritts.

LEGGEWIE: *Wenn Resozialisierung keine Aussicht hat, muß man die Bösen unschädlich machen?*

VACHSS: Ich glaube, wir müssen generell dafür sorgen, daß den Bösen das, was sie tun, teuer zu stehen kommt. Daß ein Mann, der sich am Kind eines Nachbarn vergeht, ins Gefängnis gehört, darüber sind sich alle einig. Aber einer, der sich an seinem eigenen Kind sexuell vergeht, der soll in die Therapie?! Wenn man solche aberwitzigen Unterschiede zuläßt, ermutigt man ja die Vergewaltiger regelrecht dazu, sich ihre Opfer selbst herauszuziehen. Und dann spielt es keine Rolle, ob der, der andere schikaniert, ein Perverser oder ein Nazi ist, diese Leute müssen merken, daß ihr Handeln für sie nicht folgenlos bleibt, anders können wir sie nicht erfolgreich bekämpfen.

LEGGEWIE: *Sie sprechen immer von »Monstern« oder »Bestien«. Auf wen zum Beispiel träfen alle theoretischen Bedingungen für eine Todesstrafe zu?*

VACHSS: John Wayne Gacy.* Er hat buchstäblich *Dutzende* junger Männer umgebracht und ihre Leichen unter dem Haus vergraben, in dem er wohnte. Er sitzt immer noch in der Todeszelle und wartet auf seine Hin-

---

* Der Serienmörder John Wayne Gacy verbüßte eine Haftstrafe wegen Unzucht mit einem Knaben. Nach seiner Entlassung zog er in einen anderen Bundesstaat und brachte Dutzende Jungen und junge Männer um. Er wurde zum Tode verurteilt, trieb vom Gefängnis aus einen äußerst erträglichen Handel mit eigenen »Kunstwerken«. Außerdem hatte er eine Service-Rufnummer, über die man seine »Botschaften« abrufen konnte … zu einer Gebühr von mehreren Dollar pro Anruf. Gacy erhielt Heiratsanträge und meldete sich per R-Gespräch bei seinen Anhängern, die die Anrufe aufzeichneten und sie an die Medien weitergaben. Gacys wahnwitzige Mordserie begann 1971; gefaßt wurde er 1978. Vollstreckt wurde das Todesurteil 1994, nach der Fertigstellung des vorliegenden Gespräches.

richtung. Aber es gibt viele, die dafür in Frage kommen, Lustmörder, Bestien, die Kinder zu Tode gequält haben … Sie zu töten, wäre ein Gnadenakt – nicht für sie, sondern für uns –, ein Gnadenakt, den die Welt verdient hätte. Ob ich jemanden töten würde, der zum Dieb geworden ist? Nein. Oder jemanden, der einen anderen getötet hat? Wohl kaum, nein, vermutlich nicht. Ich rede von denen, die Verbrechen gegen die Menschlichkeit systematisch begehen; ja, im Grunde meines Herzens bin ich der Meinung, daß solche Leute sterben sollten.

LEGGEWIE: *Wiederholter, serienhafter Mißbrauch von Kindern ist ein »Verbrechen gegen die Menschheit« für Sie. Was meint dabei »Unschädlichmachung« genau, wenn wir nun doch beide aus unterschiedlichen Positionen – Sie pragmatisch, ich prinzipiell – gegen die Todesstrafe sind?*

VACHSS: Wie schon gesagt: Mit Unschädlichmachen meine ich schlicht und einfach, daß man die Bestie in einen Käfig steckt. Ich habe gar nichts dagegen, wenn sie drinnen im Gefängnis angenehme Bedingungen haben. Meinetwegen können die Zellen ruhig mit Klimaanlage und Fernseher ausgestattet sein. Meinetwegen können die Leute ruhig in kleinen Gruppen zusammensitzen, Händchen halten und über ihre Perversionen reden. Meinetwegen sollen sie ruhig Hanteln haben oder eine Turnhalle oder einen hübschen Swimmingpool – bloß, daß sie wieder rauskommen, dagegen bin ich absolut.

LEGGEWIE: *Lebenslang? Auch dagegen spricht sich ein liberaler Strafvollzug aus.*

VACHSS: Für den gewohnheitsmäßigen, exzessiven, gemeingefährlichen Gewaltverbrecher, ja.

LEGGEWIE: *Wer entscheidet denn über diese Eigenschaften? Doch eine Expertenjury?*

VACHSS: Ihr *Verhalten* entscheidet darüber. Damit meine ich nicht den geistigen Zustand des Betreffenden, sondern sein tatsächliches Verhalten – das ist das Wahrheitskriterium. Wenn Menschen durch ihr Verhalten beweisen, daß sie gefährlich sind, wenn sie zum Beispiel ein Kind nach dem anderen mißbrauchen. Wir haben dazugelernt. Wir wissen, wie teuer uns unsere Fehler zu stehen komme, wir wissen, wie viele Kinder sterben mußten, wie viele Frauen von einschlägig vorbestraften Tätern vergewaltigt und gefoltert worden sind. Wir lassen viel zu viele von diesen Wiederholungstätern wieder auf die Menschheit los, und das obendrein noch viel zu früh.

LEGGEWIE: *Ich zitiere Sie aus einem Artikel in Mirabella (Juli 1990): »When a sexual offender goes past certain levels of sexual activity, when he gets a jolt from what he does, he just can't get back. He won't burn out.« In der New York Times haben Sie 1993 geschrieben: »Sex predators Can't Be Saved.« Sie sind äußerst unbarmherzig mit den Tätern.*

VACHSS: Ein Sexualstraftäter brennt doch nicht aus, das ist völliger Unsinn. Die meisten konventionellen Verbrecher brennen irgendwann aus. Einer, der bewaffnete Raubüberfälle begeht, hat irgendwann einmal die Schnauze voll – er hat die Schnauze voll davon, daß er soviel riskiert und so wenig dabei herauskommt; er hat die Schnauze voll vom Gefängnis und davon, daß sein Leben ein ständiges Auf und Ab von kurzen Luxusphasen und langen Zeiten der Entbehrung ist. Die meisten von uns werden mit den Jahren gescheiter, das gilt für die Verbrecher genauso wie für brave Bürger. Sexualstraftäter indes brennen nicht aus, sie neigen vielmehr dazu, im Lauf der Zeit immer exzessiver zu werden. Je älter sie werden, desto stärkere Reize brauchen sie. Ich will Ihnen ein Beispiel aus jüngster Zeit nennen, aus Deutschland. Klaus Grabowski hat unendlich viele verschiedene Sexualverbrechen begangen. Als ihm dann eine lange Gefängnisstrafe drohte, beschloß er, sich lieber freiwillig kastrieren zu lassen. Trotzdem hat er 1980 die siebenjährige Anna Bachmeier erdrosselt. Und diesmal brauchte er gar keine allzu lange Haftstrafe zu befürchten, weil er sich ja darauf herausreden konnte, daß er infolge der Kastration geisteskrank sei. Er wurde übrigens während des Prozesses von Marianne Bachmeier, der Mutter des Opfers, erschossen. Der Fall Grabowski beweist, daß die sogenannten »Sexualverbrechen« mit Sexualität wenig zu tun haben, nicht einmal mit einer gestörten Sexualität. Da die Aggressivität nicht durch die Sexualorgane verursacht wird, ist es nutzlos, sie zu entfernen.

LEGGEWIE: *Kastration männlicher Täter, mit chemischen Mitteln, erscheint vielen trotzdem als ein probates Mittel und wird auch häufig angewandt.*

VACHSS: Der Übeltäter ist nicht das Testosteron, sondern der betreffende Mensch selbst. Schließlich dürfte die Pädophilie bei Frauen wohl kaum mit einem Testosteronüberschuß zu erklären sein. Das Stimulans ist nicht der Sex, sondern die Macht. Der Sex ist nur das Mittel zum Zweck.

LEGGEWIE: *Manche Täter stellen selbst den Antrag auf Kastration.*

VACHSS: Natürlich verlangen sie das – es garantiert ihnen ja letzten Endes, daß das Strafmaß sich in Grenzen hält und sie vielleicht überhaupt nicht ins Gefängnis müssen. Aber als gesellschaftliche Reaktion auf den gewohnheitsmäßigen gewalttätigen Sexualpsychopathen ist jede Form von Kastration moralisch verwerflich und praktisch wirkungslos. Der sexuelle Gewalttäter ist nicht das Opfer seines übersteigerten Geschlechtstriebs. Fragen Sie doch bloß mal einen Sadisten nach seinen Motiven. Diese Leute werden Ihnen wahrheitsgemäß sagen, sie tun das, was sie tun, weil sie es wollen.

Und vergessen Sie nicht: Seit die »chemische Kastration« in Mode gekommen ist, gibt es einen Schwarzmarkt für Hormonpräparate aus der Gruppe der Androgene, die eigens dazu entwickelt wurden, die »chemische Kastration« rückgängig zu machen. Für Pädophile, die sich in dunklen Geschäften bestens auskennen, ist es überhaupt kein Problem, ein Netz zur Verteilung nicht frei zugelassener Medikamente aufzubauen.

LEGGEWIE: *»Schwanz ab« bringt also gar nichts ...*

VACHSS: Die Amerikaner lieben biblische Gerechtigkeit oder das, was sie dafür halten, und die Kastration ist offenbar etwas, das ihrer »Auge um Auge«-Mentalität weitgehend entgegenkommt. Aber die Amerikaner wollen gern, daß komplizierte Probleme einfach gelöst werden, am liebsten so, daß dabei auch ein politischer Nutzen herausspringt; zum Beispiel »Trainingslager« für jugendliche Straftäter – klar, genau das brauchen wir, wir brauchen Straßenräuber, die ein ordentliches Krafttraining und Aerobic-Kurse absolviert haben.

LEGGEWIE: *... oder Ferienlager für junge Neonazis in Israel.*

VACHSS: Die Kastration beseitigt nicht die Ursachen der Aggressivität des sexuellen Gewalttäters – sie beseitigt lediglich ein Instrument, mit dem diese Aggressivität nach außen gebracht wird. Auch mit Besenstielen, Colaflaschen oder Lötkolben sind schon Vergewaltigungen begangen worden ... Die Auffassung, daß die Kastration ein »Heilmittel« wäre, impliziert, daß Sexualstraftaten eine biochemische Ursache haben und der Täter, sobald diese behoben ist, aufhört, gefährlich zu sein. Das ist Unsinn – die Dinge, die sexuelle Gewalttätigkeit auslösen, verschwinden nicht, indem man Genitalien abtrennt oder den Hormonspiegel verändert. Stellen Sie sich einen Serienvergewaltiger vor, der kastriert worden ist. Seine frühere Aggressivität gegen alle Frauen, die ihn zum Vergewaltigen trieb, ist jetzt gewissermaßen zur kritischen Masse eskaliert. Daß dieser Mann wieder – und noch brutaler – zuschlägt, ist so sicher wie das Amen in der Kirche. Und wenn Sie glauben, Impotenz würde die Aggressivität reduzieren, dann gehen Sie doch bloß mal auf einen Nuttenfriedhof, und sehen Sie sich an, was mit so manch einer Prostituierten passiert ist, die ihren Freier ausgelacht hat, weil er ein Schlappschwanz war.

LEGGEWIE: *Im übrigen werden dadurch Täter zu Opfern stilisiert. Viele Leute sind irritiert, weil Sie Menschen, auch wenn sie brutale Killer sind, mit Hunden gleichsetzen. Sie lieben Hunde doch sehr.*

VACHSS: Mich würde das auch irritieren, insofern das die Hunde beleidigt, die im allgemeinen edle Geschöpfe sind. Wenn man es mir in Deutschland so sehr verübelt, daß ich perversen Gewalttätern nicht genügend Achtung entgegenbringe ... dann kann ich nur sagen, armes Deutschland. Aber ich kann einfach nicht glauben, daß die Deutschen so denken. Wenn ich in der Öffentlichkeit auftrete, finde ich immer großen Widerhall bei den Leuten. Literaturkritiker und Journalisten haben ihr eigenes Konzept, da kann es schon sein, daß sich von denen welche aufregen. Aber ich schreibe schließlich nicht, um irgendwelche Literaturkritiker zu unterhalten.

LEGGEWIE: *Aber auch nicht, um die Biertrinker zu amü-sieren!*

VACHSS: Ich will überhaupt niemanden amüsieren oder unterhalten. Ich will die Leute zornig machen. Ich will die Leute dazu bringen, daß sie sich mit dem Problem auseinandersetzen.

LEGGEWIE: *Haben Sie manchmal Angst, daß die am Stammtisch zu schnell zufrieden mit Ihnen sind?*

VACHSS: Ich will keine Zufriedenheit. Die Zufriedenheit ist ja gerade unser ärgster Feind. Solange die Menschen nicht zornig werden, passiert gar nichts. Menschen können nicht nur körperlich fett und träge werden, sondern auch seelisch ...

BURKE IST NICHT VACHSS, VACHSS IST NICHT BURKE

LEGGEWIE: *Warum sollen sich die Leute bewegen? Die haben doch Sie, den Racheengel, der alles für sie erledigt!*

VACHSS: Das ist eine sehr gute Frage. Deswegen hüte ich mich in meinen Büchern, Burke als den großen Alleskönner zu zeigen, ihn um Himmels willen nicht zu idealisieren à la Raymond Chandler. Burke ist ein Mann ohne Illusionen, ohne Beziehungen, und er ist voller Aggressionen und zugleich auch voller Angst. Er ist ein Berufsverbrecher, kein edler Held. Und gewiß kein Supermann. Wie kann einer, der die Menschen so vehement haßt, als Retter der Gesellschaft angesehen werden?

LEGGEWIE: *Aber Sie sind nicht so »daneben«, Sie geben sich kalt und effektiv, und deshalb eignen Sie sich als der Stellvertreter, der Rächer. Was teilen Sie mit Ihrem Romanhelden?*

VACHSS: Burke und ich haben denselben Geschmack bei Frauen, Rennpferden, Hunden und beim Blues ...

LEGGEWIE: *Blues mag ich auch sehr. Welches sind Ihre Favoriten?*

VACHSS: Am meisten mag ich den urbanen Blues, die Leute, die es Ende der vierziger, Anfang der fünfziger Jahre nach Norden verschlagen hat, Chicago und Detroit ... Muddy Waters, Howling Wolf, Sonny Boy Williamson ... und ihre geistigen Erben, die nächste Welle ... Paul Butterfield, Blind Owl Wilson, Charly Musselwhite, Jimmy Cotton, Otis Spann, Little Walter, Buddy Guy und wie sie alle heißen ... Aber der Blues ist eine Sprache, die viele Dialekte hat. Beim Blues bin ich kein Purist. Ich mag Marcia Ball, Champion Jack Dupree, Big Mama Thornton, John Lee Hooker, Janis Joplin, Etta James, Hank Williams, Son Seals, Koko Taylor, Delbert Clinton ... Und am meisten natürlich Magic Judy (Henske) und meinen wunderbaren alten – inzwischen verstorbenen – Freund Doc Pomus.

LEGGEWIE: *Man identifiziert Autoren von Kriminalromanen gern mit ihren literarischen Helden, also den Anwalt Andrew Vachss mit dem Outlaw Burke. Sie haben das Image eines kauzigen, fundamentalistischen und unerbittlichen Freaks oder Fanatikers – auf Fotos wirken Sie furchterregend.*

VACHSS: Die Journalisten picken sich irgendwas raus und reiten darauf rum, und manche haben einfach kein Berufsethos – manche erfinden irgendwelche Dinge, schmücken ihre Erfindungen mit Adjektiven aus und behaupten, es wären Fakten. Ob ich in der Öffentlichkeit auf meine Sicherheit bedacht bin? Unbedingt. Ob mir schon mal jemand gedroht hat? Klar. Ob ich mich wehren würde, wenn einer ungebeten in mein Haus einzudringen versucht? Keine Frage. Aber machen diese Dinge etwa mein Leben aus? Natürlich nicht. Manche Journalisten sind schlichtweg gescheiterte Schriftsteller, und das sieht man ihrer Arbeit an. Vor mir muß keiner Angst haben; fürchten müssen mich nur gemeine, brutale Verbrecher.

LEGGEWIE: *Man kreidet Ihnen aber auch an, daß Sie mit dem Stoff und der Machart Ihrer Romane »letzte Tabus« gebrochen haben. Manche Kritiker und Leser meinen, so brutal dürfe man nicht über Kindesmißbrauch oder Serienkiller schreiben. Dreht ein Autor, der Gewalt fiktional, aber »realistisch« zum Ausdruck bringt, mit an der Gewaltschraube?*

VACHSS: Ich habe es satt, daß irgendwelche Feiglinge mich aus sicherer Entfernung unter Beschuß nehmen. Ich habe es satt, daß irgendwelche Leute sagen: »Ich war drei Stunden in New York, und da hat es überhaupt nicht so ausgesehen, wie Vachss es beschreibt.« Die Leute sagen, meine Bücher sind geschmacklos; James Bond gefällt ihnen besser. Na prima. Sollen sie doch in Frieden ziehen. Nach Möglichkeit weit weg, ehrlich gesagt. An der Uni sind meine Bücher keine Pflichtlektüre – niemand ist gezwungen, sie zu lesen. Wenn die Bücher so schlecht sind, wieso werden sie dann überhaupt gedruckt? Die Kritiker werfen mir zum Beispiel vor, ich würde in meinen Büchern den sexuellen Mißbrauch von Kindern plastisch schildern – das habe ich nie getan, und die Leute werden ja auch nicht konkret und weisen mir nach, an welchen Stellen ich so was gemacht haben soll. Die Kritik behauptet, ich würde die Selbstjustiz glorifizieren. In meinem letzten Buch (Kult) tötet Burke ungewollt ein Kind, mehr brauche ich ja wohl nicht zu sagen zu meiner Haltung in puncto Selbstjustiz. Ich habe mich in meinen Büchern sehr deutlich mit Fragen der Moral auseinandergesetzt, und für manche Leute ist eben jeder, der das Wort Moral in den Mund nimmt, ein Fundamentalist oder ein Fanatiker. Die sollen sich meinetwegen mit ihren miesen Schicki-micki-Krimis über Serienmörder amüsieren, wenn sie da so sehr drauf stehen – bei dem, was ich mache, geht es nicht um »Kunst«, sondern um die Wahrheit.

LEGGEWIE: *Müssen Sie nicht übertreiben, um Aufmerksamkeit zu erzielen? Sie sagen selbst: Autopsieberichte lesen die Leute nicht, deswegen schreibe ich Romane.*

VACHSS: Wer sagt, ich habe in puncto Kindesmißbrauch »übertrieben«, der lügt – allein die Zahl der Opfer beweist, daß das gelogen ist. Bei jedem Buch, das ich schreibe, kommt irgendwer an und sagt: »Wie kann sich bloß jemand solche entsetzlichen Dinge ausdenken?« Und wissen Sie, was passiert? Ein, zwei Jahre später erscheinen in derselben Zeitung die Geschichten, die ich angeblich erfunden habe, als »Tatsachenberichte«. Als mein erstes Buch herauskam, war ich in England, und da hat ein sogenannter »Kritiker« – einer von diesen kleinen Widerlingen, die Überheblichkeit mit Intelligenz verwechseln – geschrieben: »Ich möchte so was einfach nicht lesen, es ist so schrecklich. Der Autor hat eine grauenhafte, eine kranke Phantasie.« Als ich ein paar Jahre später wieder nach England kam, berichteten sämtliche englischen Zeitungen auf ihren Titelseiten über Jason Swift, einen kleinen Jungen, der bei laufender Videokamera von Pädophilen vergewaltigt worden und dabei umgekommen ist. Anscheinend wird das, was ich schreibe, erst dann als Wahrheit akzeptiert, wenn die Presse es bestätigt hat.

LEGGEWIE: *Wahr ist, was über den Sender geht.*

VACHSS: Wie kann jemand, der halbwegs bei Verstand ist und auch nur ein Fünkchen Anstand im Leibe hat, behaupten, ich würde Inzest »erfinden«? Wenn mir einer sagt, ich sei ein schlechter Schriftsteller, das ist mir, mit Verlaub, egal. Aber wer sagt, die Dinge, über die ich schreibe, passieren nicht, der ist entweder ein Idiot oder ein Kollaborateur. Als ich zum ersten Mal über sexuellen Mißbrauch in Tagesstätten schrieb, haben mich alle für verrückt erklärt. Heute sagt das keiner mehr. Wenn ich von bestimmten Verbrechen an Kindern berichte, bevor die Presse es tut – zum Beispiel über den Handel mit menschlichen Organen, darüber, daß Kinder eigens für den organisierten Kinderhandel gezeugt und ausgetragen werden oder über teils von Computern, teils von Menschen geschriebene Kinderpornographie –, liegt das etwa daran, daß ich so eine »lebhafte Phantasie« habe? Oder hat es nicht vielmehr damit zu tun, daß ich in puncto Kindesmißbrauch einfach näher an der Basis bin als die Journalisten?

LEGGEWIE: *Raymond Chandler oder Dashiel Hammett, in deren Rang Sie jetzt oft erhoben werden, haben nicht so realistische Kriminalromane geschrieben.*

VACHSS: Genau, zur großen Enttäuschung mancher »Krimifans« bin ich nicht Raymond Chandler. Ich weiß schon, was diese Leute wollen ... die wollen keimfreie Stories ...

LEGGEWIE: *... eine traditionelle Story: einfach, elegant, heroisch, leicht zu lesen.*

VACHSS: Und sehr elitär, sehr versnobt. Ich weiß, daß die Leute, die Raymond Chandler verehren, meine Bücher nicht mögen, aber das trifft mich nicht – ich schreibe ja schließlich nicht, um die glücklich zu machen. Ich will Ihnen sagen, warum sie mit mir so wenig anfangen können. Für sie ist der typische Krimiheld einer, der nicht nur sehr gut aussieht, sondern auch sehr stark und sehr schlau ist, sich moralisch absolut einwandfrei verhält und noch dazu Sexappeal hat, kurzum, ein ehrenwerter Mann ohne Fehl und Tadel in einer verkommenen Welt. Einer, der unverwundbar ist, dem man ein Montiereisen über den Schädel hauen kann, und der nach zwei Minuten wieder auf den Beinen ist und nach Spuren sucht. Wer so was glaubt, der hat keine Ahnung. Jeder weiß, daß das Unsinn ist, jeder weiß, daß er einen Roman liest, daß das alles frei erfunden ist, aber trotzdem macht es Spaß, und man genießt es. Wenn ich solch einen Helden nehmen würde, um das, was ich zu sagen habe, zu vermitteln, dann würden die Leute denken, daß der Inzest bloß frei erfunden sei. Oder daß die Kinderpornographie ein dramaturgisches Mittel sei und kein reales Übel, das in der realen Welt bekämpft werden muß. Ich will den Leuten zeigen, wie die Hölle aussieht – und ich denke nicht daran, ihnen einen edlen Helden als Reisebegleiter mitzugeben. Und es ist mir egal, wenn die »Literaturkritik« mir das zum Vorwurf macht. Die Kritiken, die diese Leute schreiben, sind genauso wenig »real« wie die behagliche Phantasiewelt, nach der sie sich so heftig sehnen.

LEGGEWIE: *Trotzdem verkaufen sich Ihre Bücher gut, auf der ganzen Welt.*

VACHSS: Stimmt, solange sich die Bücher verkaufen, wird auch die Literaturkritik nicht verhindern können, daß sie gedruckt werden. Schauen Sie, die »Kritiker« erzählen den Leuten doch bloß, was ihnen gefällt und was nicht. Warum soll man deren Meinung höher bewerten als die eines x-beliebigen Typen in irgendeiner Eckkneipe? Menschen sind keine Schafe – sie sind fähig, sich selbst eine Meinung zu bilden. Solange das Schreiben organisch aus meiner Arbeit erwächst und mir die Möglichkeit gibt, meine ureigene Botschaft zu verkünden – egal, ob mit einem Theaterstück, einem Comic-Heft oder einem Roman –, werde ich weiterschreiben.

LEGGEWIE: *Was zum Beispiel?*

VACHSS: Meine Literatur läßt sich in kein »Genre« einordnen. In den amerikanischen Bibliotheken stehen meine Bücher unter »Belletristrik«, nicht unter »Kriminalliteratur« und auch nicht unter »Detektivromane« – sondern schlicht und einfach unter »Romane«. Eigentlich bin ich dem deutschen Autor und Lektor Sky Nonhoff zu Dank verpflichtet, weil er einen Gattungsbegriff für meine literarischen Arbeiten gefunden hat. Er hat die Burke-Romane als *littérature engagée* bezeichnet, und als ich erfuhr, was das bedeutet, fühlte ich mich geehrt. Ich habe mir vorgenommen, daß ich auch künftig nie etwas anderes als engagierte Literatur schreiben

will. Die Frage ist doch nicht, ob meine Bücher gut sind
– darüber kann man natürlich geteilter Meinung sein
–, sondern ob ich sie für einen guten Zweck schreibe.

LEGGEWIE: *Aber Jean-Paul Sartre wollen Sie wohl auch
nicht sein. Und worin unterscheiden Sie sich von Burke,
Ihrem Helden?*

VACHSS: Burke ist zuerst einmal der Prototyp des mißbrauchten Kindes – ein Mensch, der zeit seines Lebens
zwischen Angst und Aggressivität hin und her
schwankt. Er betreibt nicht Selbstjustiz, er rächt nicht
den Kindesmißbrauch, er rächt sich. Wer seine kleine
Welt nicht kennenlernen will, lernt auch ihn nicht kennen. Burke ist ein Patriot, aber sein »Land« ist sehr
klein und nur von seiner »Wahlfamilie« bewohnt. Anders, als einige schlechtinformierte »Analytiker« meinen, wacht Burke morgens nicht mit dem Vorsatz auf,
den Kindesmißbrauch zu bekämpfen. Burke ist ein
Dieb, ein Krimineller mit einem langen Strafregister, ein
Gewohnheitsverbrecher. Er ist kein »edler Wilder«,
kein Robin Hood. Wenn einer es auf seine Familie abge-
sehen hat, wenn einer seine Leute bedroht, kann er sogar ein Mörder werden.

LEGGEWIE: *Burke hat keine »Mission« wie Sie.*

VACHSS: Im letzten Buch habe ich Burke mit den persönlichen Fragen konfrontiert, die das Thema Kindesmißbrauch aufwirft. Wenn er in das Haus dieser Schweine
eindringt, dann nicht, um Kinder zu schützen, sondern
weil er selbst Rache nehmen will. Das besagt nicht, daß
das schlecht ist. Es besagt lediglich, daß ich ihn verstehe
und daß ich das nachempfinden kann … aber Burke ist
kein Rächer im Dienste der menschlichen Gesellschaft.
Als er dieses Haus verläßt, hinterläßt er auch ein totes
Kind als Zeugnis seines pathologischen Hasses. Burke

kämpft sein ganzes Leben lang gegen den Kindesmißbrauch und schafft dabei nicht halb soviel wie ich in einer Stunde. Nein, wirklich, er ist nicht so wie ich, und ich möchte nicht so sein wie er.

Leggewie: *Sie wollen besser sein als Burke.*

Vachss: Die wichtigsten Eigenschaften haben wir allerdings gemeinsam: Wir sind beide davon überzeugt, daß es nicht auf die Gene ankommt, wir glauben beide, daß die »Familie« keine biologische, sondern eine soziale Gemeinschaft ist – daß man ist, was man tut. Nicht das Blut entscheidet. Wenn die Menschen, mit denen man biologisch verwandt ist, einem weh getan haben, dann nimmt man sich vor, sich eine eigene Familie aufzubauen, eine, in der man wirklich zu Hause ist. In dem Punkt stimmen Burke und ich hundertprozentig überein.

Aber der wesentlichste Unterschied zwischen uns beiden ist der: Burke ist ein professioneller Schwindler, dessen wichtigste Waffe die Lüge ist. Meine wichtigste Waffe hingegen ist die Wahrheit.

DER KREUZZUG

LEGGEWIE: *Den wesentlichen Unterschied zu Burke sehe ich darin, daß Sie an Institutionen glauben, an allmähliche Veränderungen und Reformen.*

VACHSS: Ja, mehr oder weniger.

LEGGEWIE: *Aber Sie glauben an das Konzept der Institutionen, auch wenn sie nicht immer gut genug funktionieren.*

VACHSS: An das Konzept – sicher. Ob es sich verwirklichen läßt, das kommt auf die jeweilige Institution an.

LEGGEWIE: *Und Sie glauben an die Reformierbarkeit der amerikanischen Gesellschaft?*

VACHSS: Ich glaube, auf manchen Gebieten ist ein Potential für Reformen vorhanden, auf anderen gibt es ein Verlangen nach Rache. Aber wenn es uns gelingt, die Gesellschaft genügend zu reformieren, wird natürlich auch das Verlangen nach Rache nachlassen. Sicher, Sie haben recht. Ich bin Anwalt. Auch wenn ich nicht Mitglied der Anwaltskammer bin, auch wenn ich zu denen gehöre, die immer geschniegelt und gebügelt rumlaufen, um bei anderen Eindruck zu schinden – ich bin ganz bewußt Anwalt geworden, weil ich etwas Bestimmtes tun wollte. Als ich noch nicht im Traum daran dachte, Jura zu studieren, war es mein Job, Geschlechtskrankheiten zu erfassen, ich war Sozialarbeiter, ich habe diesen Irrsinn in Biafra mitgemacht, ich war Arbeitsorganisator, ich habe ein Wiedereingliederungszentrum für Ex-Sträflinge geleitet, ich war Direktor eines Hochsicherheitsgefängnisses für jugendliche Gewaltverbrecher

… Als ich anfing, Jura zu studieren, wußte ich also schon ganz genau, was ich später machen wollte – und warum. Ich wollte Kinder vertreten, und nach allem, was ich erlebt und getan hatte, war ich felsenfest davon überzeugt, daß es für mich keine wichtigere Arbeit gab. Ob ich an Institutionen glaube? Ich will vorsichtig sein. Ich habe Jura studiert, weil ich den meisten Institutionen *nicht* getraut habe, daß sie ihre Aufgaben in puncto Kinderschutz ordentlich erfüllen. Als einfacher Angestellter konnte ich jederzeit entlassen werden. Tatsache ist, daß ich mich buchstäblich überall, wo ich gearbeitet habe, andauernd mit irgendwelchen unsinnigen Disziplinarmaßnahmen rumschlagen mußte. Zum Teil hatte mein Entschluß, Jura zu studieren, auch damit zu tun, daß ich unabhängig sein wollte; ich wollte unter allen Umständen eigenverantwortlich arbeiten.

LEGGEWIE: *Natürlich funktionieren Institutionen niemals so, wie man sich das vorstellt. Aber das können wir nur sagen, weil wir dennoch einem Ideal folgen, wie sie funktionieren sollten.*

VACHSS: Das ist richtig. Ich bin kein Anarchist. Ich meine, Institutionen, die lebensfähig sind, sollen am Leben erhalten werden; wir müssen einfach Druck machen, damit sie besser werden, und bei Institutionen, die nicht lebensfähig sind, müssen wir darauf hinarbeiten, sie abzuschaffen. Ich bin durchaus der Meinung, daß das menschliche Zusammenleben ganz ohne Institutionen nicht funktionieren würde.

LEGGEWIE: *Aber Sie bleiben dabei, daß Sie eine Art von Krieg führen, nicht wahr?*

VACHSS: Nicht eine *Art* Krieg – es *ist* ein Krieg. Und mit Kriegen kenne ich mich aus, ich habe Kriege erlebt. Egal, wo Kriege ausgetragen werden, in einem Punkt gleichen sie sich alle: Jeder Krieg ist ein blutiger Konflikt um irgend etwas, bei diesem Kampf kann man gefangengenommen, kann versklavt werden oder sterben. Das sind die klar abzusehenden Folgen für die mißbrauchten Kinder.

LEGGEWIE: *In den Kriegen unserer Tage sind unter der »Zivilbevölkerung« mehr Opfer als unter den Kombattanten in Uniform.*

VACHSS: Ja. Heute werden Kinder in Kriege verstrickt, manchmal als Kämpfer, meistens aber als Opfer. Wo es um Kindesmißbrauch geht, können die Kinder *nur* Opfer sein, und bis sie stark genug zum Kriegführen sind, kommt es höchst selten vor, daß sie sich gegen die Menschen zur Wehr setzen, die sie verletzt haben. Statt dessen müssen wir leider erleben, daß diese Kinder, wenn sie dann erwachsen sind, die ganze Gesellschaft bekriegen. Mir ist noch kein Fall begegnet, wo das böse Treiben eines über lange Zeit aktiven aggressiven Pädophilen sich nicht auf eine ganze Generation ausgewirkt hat. Mit anderen Worten: Der Junge, der, als er geschändet wurde, vier, fünf oder meinetwegen sieben Jahre alt war, ist jetzt vierzehn. Und dieser Junge führt dem Pädophilen kleinere Jungen zu. So rekrutiert das Opfer selbst immer neue Opfer.

LEGGEWIE: *Was Pädophile treiben, ist für Sie ein Krieg?*

VACHSS: Wie würden Sie denn eine Schlacht um die Seelen von Kindern bezeichnen? Es ist absolut gerechtfertigt, das als Krieg zu bezeichnen – mit Sicherheit steht dabei enorm viel auf dem Spiel. Bei nicht wenigen meiner Prozesse steht das Leben des betreffenden Kindes auf dem Spiel. Wenn wir verlieren, muß es wieder zu denen zurück, die es gefoltert haben – und stirbt ... oder schlimmer.

LEGGEWIE: *Und jetzt rüsten Sie auf?*

VACHSS: Das ist eben unsere Version des »Wettrüstens« – die Pädophilen denken sich Maßnahmen gegen unsere Ermittlungstechniken aus, und wir denken uns Methoden aus, wie wir ihre Codes knacken und ihre Organisationen infiltrieren können. Wir haben sogar eine eigene Version der Propaganda. Es besteht überhaupt kein Zweifel daran, daß die aggressiven Pädophilen ihre Fünfte Kolonne in den Medien haben. Ich kann Ihnen versichern, daß allein in diesem Land jedes Jahr Hunderte und Aberhunderte Kinder von denselben Leuten umgebracht werden, deren Zugriff man sie zuvor entzogen hat. Dieselbe Gesellschaft, die irgendwann zu dem Schluß gekommen ist, daß diese sogenannten »Eltern« ungeeignet sind, ihre Kinder großzuziehen, kommt später zu dem Schluß, daß die Eltern geheilt sind, und schickt die Kinder wieder zu ihnen. Manchmal stimmt diese Einschätzung. Wenn nicht, ist das Kind der Leidtragende.

LEGGEWIE: *Das Kriegsopfer.*

VACHSS: Es ist ein Krieg. Menschen sterben, Menschen werden gefangengenommen, man kämpft mit allen Waffen, die man hat. Wie in jedem Krieg gibt es sogenannte »Regeln« – Verhaltensmaßregeln, Regeln, die festlegen, welche Waffen nicht benutzt werden dürfen, Regeln darüber, wie mit Kriegsgefangenen umzugehen ist. Wenn Ihnen dieser Begriff überzogen vorkommt, dann reden Sie mal mit einem Kind, das genauso selbstverständlich von seinen Eltern gefoltert wird, wie andere Eltern ihrem Kind den Kopf streicheln.

LEGGEWIE: *In modernen Kriegen gelten keine Regeln mehr.*

VACHSS: Der Aggressor hält sich an keine »Regeln«. In jedem Krieg werden diese »Regeln«, eine wie die andere, fortwährend verletzt. Das gilt auch für den Krieg um den Kinderschutz. Sicher gibt es auch da Regeln, aber die werden nur allzuoft ganz einfach mißachtet. Mit dem Ergebnis, daß es für die Betroffenen nicht selten buchstäblich um Leben und Tod geht.

LEGGEWIE: *Wenn es ein Krieg ist, ist er unerklärt.*

VACHSS: Wer sagt das?

LEGGEWIE: *Man sieht wenigstens keine Frontverläufe im üblichen Sinne.*

VACHSS: Vielleicht ist es ein Guerillakrieg, aber ganz gewiß ein erklärter. Die aggressiven Pädophilen haben uns angekündigt, welche Absichten sie haben und wie sie vorgehen wollen. Sie haben es wahrlich nicht an Deutlichkeit fehlen lassen. Wenn das keine Kriegserklärung war, dann weiß ich nicht, was Sie noch brauchen. Und daß wir Verluste zu beklagen haben, steht ebenfalls außer Frage.

LEGGEWIE: *Aber die Pädophilen sagen: Wir sind aufrechte Leute, die keiner Fliege was zuleide tun – die anderen bekriegen uns.*

VACHSS: Wollen Sie etwa sagen, wir mißverstehen ihre Absichten? Wir sehen darin eine Kriegserklärung, obwohl sie es gar nicht gemeint haben? Das ist doch Unsinn – wenn sie gewinnen, fällt beispielsweise die Altersgrenze für das »sexuelle Selbstbestimmungsrecht«. Und das ist bloß eine der vielen Fronten, an denen wir kämpfen müssen.

LEGGEWIE: *Die Gesellschaft urteilt normalerweise sehr streng über die Kinderschänder, auch die Massenmedien...*

VACHSS: Sicher. Aber mich interessieren keine schönen Reden – mich interessieren Taten. Wenn ich einen Fall übernehme, bei dem ich ein Kind vertreten muß, dann ist sich jeder darüber im klaren, daß das kein Spaziergang wird.

LEGGEWIE: *Sind Sie auf einem Kreuzzug?*

VACHSS: Das hängt ganz davon ab, was Sie unter »Kreuzzug« verstehen. Es ist mein Lebenswerk. Sie haben Ihre Arbeit, jeder hat seine. Ich sage nicht, daß meine besser oder schlechter als die der anderen ist – wenn das Böse etwas ist, das mit Entscheidungsfreiheit zu tun hat, dann gilt das für das Kämpfen nicht minder. Kreuzzug heißt für mich, daß man Leute bezahlt, die einem das Kämpfen abnehmen.

LEGGEWIE: *Ich meinte nicht Söldner, die für alles mögliche kämpfen, wenn man sie nur gut bezahlt. Richtige Kreuzzüge haben immer religiöse Wurzeln.*

VACHSS: Wenn das die Definition ist, dann bin ich vermutlich kein Kreuzfahrer – mich treibt keine Religion zum Handeln. Sondern es herrscht Krieg, und ich habe mich als Freiwilliger gemeldet, egal, wie lange dieser Krieg dauert. Das ist kein Hobby, keine Sache, mit der ich einfach aufhören kann; es ist etwas, dem ich mich auf Lebenszeit verschrieben habe. Mit Religion hat das nichts zu tun. Ich bin nicht »gläubig«. Meine Ansicht von Religion läßt sich in einem Satz zusammenfassen: Das kann nicht sein. Das geht einfach nicht. Wenn die Katholiken recht haben, kommen die Juden in die Hölle, und wenn die Juden recht haben, kommen alle Moslems in die Hölle. Und wenn Buddha ... Ach, was soll's? Sie verstehen schon, was ich sagen will.

LEGGEWIE: *Und genau so war es in den historischen Kreuzzügen, bis auf den heutigen Tag.*

VACHSS: Aber das hat nichts mit mir zu tun. Das interessiert mich nicht.

LEGGEWIE: *Alle Kreuzzügler sind versucht, ungerecht und fundamentalistisch zu werden. Sie sprechen doch selbst von der Gefahr, bei der Bekämpfung totalitärer Züge anderer totalitäre Mittel anzuwenden und, unfreiwillig, selbst totalitär zu werden.*

VACHSS: Ich gebe offen zu, wenn ich freie Hand hätte, dürfte sich kein Kinderschänder mehr in Sicherheit wiegen – dann wäre es sehr gefährlich, Kinder zu schänden, und wer es dennoch täte und erwischt würde, der müßte sehr schwer dafür büßen. Aber diese Haltung kommt aus keiner Religion. Vielleicht bin ich in dem Sinn religiös, daß für mich das »Böse« wirklich existiert, während die reinen Wissenschaftler sagen, nein, das »Böse« gibt es nicht, es gibt nur das »Verhalten« – »böse« ist ein Adjektiv. Damit bin ich nicht einverstanden. Es gibt Dinge, die von Menschen getan werden – und dabei geht es gar nicht darum, was das genau für Dinge sind –, von denen ich weiß, daß sie böse sind. Ich habe das mit eigenen Augen gesehen. Mehr als einmal. Viel, viel zu oft. Aber der einzige »religiöse« Glaube, zu dem ich mich bekenne, ist der, daß es das Böse wirklich gibt auf der Welt.

LEGGEWIE: *Es gibt keinen Grund, Ihnen das nicht abzunehmen.*

VACHSS: Manchmal wollen mich Leute provozieren, und wenn ich dann zurückschlage und ihre läppischen Argumente auseinandernehme, dann kneifen sie und sagen: »Ich wollte doch nur mal den Advocatus Diaboli spielen.« Wissen Sie, was ich dann antworte? »Der Teufel braucht keine Advokaten.«

LEGGEWIE: *Sind Sie nicht manchmal dankbar, daß es Leute gibt, die Sie zurückhalten und Sie davor bewahren, zu weit zu gehen?*

VACHSS: Mich zurückhalten? Es gibt Leute, die verwenden ihre ganze Kraft nur darauf, mich zurückzuhalten – wieso soll ich darüber froh sein? Sie meinen, Leute, die mich zurückhalten, damit ich nicht zu weit gehe? Solche Leute mag ich nicht – mir sind die Menschen lieber, die sagen: »Geh noch weiter!« Von denen, die auf meiner Seite sind, versucht niemand, mich zurückzuhalten – diese Lebensaufgabe haben sich die Leute auf der anderen Seite gestellt. Tut mir leid, wenn das arrogant klingt, aber ich habe wirklich nicht das Gefühl, daß man mich zurückhalten muß oder daß ich Gefahr laufe, das eigentliche Ziel aus den Augen zu verlieren. Ich glaube eigentlich nicht, daß ich gefährlich bin, außer für aggressive Pädophile und solche Leute. Ich finde, die Leute sollten aufhören, sich darüber Gedanken zu machen, ob ich gefährlich bin. In all den Jahren, die ich jetzt als Anwalt arbeite, hat mich noch nie ein Kind gefragt: »Warum tust du das?« Kinder scheren sich nicht um Motivationen – sie wollen nur eins: Sicherheit. Falls ich je an den Punkt kommen sollte, wo ich das Gefühl hätte, das betreffende Kind nicht beschützen zu können, würde ich meinen Beruf an den Nagel hängen. Ich bin kein Politiker, ich bin kein Filmstar – meine Aufgabe ist nicht, mich so zu verhalten, daß die Leute mich mögen.

LEGGEWIE: *Sie wollen nicht gemocht werden?*

VACHSS: Von wem? Ich glaube, im Grunde bin ich ein sehr liebenswerter Mensch; man darf mich bloß nicht reizen, denn dann erlebt man mich von meiner unangenehmen Seite. Ich kann mich mit allen möglichen Leuten über Pferderennen oder Fußball oder sonst was unterhalten ... aber wenn Sie mir erzählen wollen, daß eine Frau vergewaltigt worden ist, weil sie aufreizend angezogen war, wenn Sie mir erzählen wollen, ein fünfjähriges Kind habe jemanden verführt, wenn Sie die Leute verteidigen wollen, die sich an Babys vergehen – dann werden wir uns in die Haare kriegen, und Sie können mir glauben, daß Sie mich danach garantiert nicht mehr liebenswürdig finden. Ich kämpfe halt am Boden – die luftigen Höhen, von denen herab man seine Strategie verkünden kann, werde ich nie erreichen. Die Bücher sind meine einzige Möglichkeit, mit der Öffentlichkeit ins Gespräch zu kommen – ich habe weder einen Radiosender noch eine Zeitung.

LEGGEWIE: *Ich glaube, Sie können sehr wohl Mitgefühl für Leute entwickeln, die Kinder mißbraucht haben. Im Fall von Karen, einer schwarzen Frau, die unter schweren Persönlichkeitsstörungen litt und ihre Kinder auf unvorstellbare Weise gequält hatte, die als Kind selbst über lange Zeit schwer mißbraucht worden war, muß man doch einfach Mitleid haben.*

VACHSS: Aber beachten Sie den Unterschied. Bei der Frau, von der Sie sprechen, oder dem Fall, mit dem ich diese Woche gerade zu tun habe, und bei zig anderen Fällen ... handelt es sich um Täter vom *Typ II* – um Geisteskranke. Sicher, ich habe geholfen, das Gericht zu überzeugen, daß es spezielle, von der Sozialfürsorge zu finanzierende Rehabilitationsmaßnahmen anordnet, die die Frau braucht und die ein Vermögen kosten. Ich würde das immer wieder tun. Aber wenn sie *Typ III* gewesen wäre – Vergnügen oder Profit –, dann, nichts da! – Wenn Sie da versucht hätten, mich gnädig zu stimmen, hätten Sie genausogut mit der Wand reden können. Mit dem Tätertyp I und Typ II habe ich sehr viel Mitgefühl – denen versuche ich immer zu helfen. Die anderen ... die verdienen keine Hilfe.

LEGGEWIE: *Und im wirklichen Leben kann man die Trennlinie zwischen diesen Typen immer so klar ziehen?*

VACHSS: Aber sicher. *Typ III* versucht es meistens gar nicht erst, sich für verrückt auszugeben, die zeigen einem recht deutlich, daß sie nicht verrückt sind, sondern böse. Das Böse erkenne ich sehr schnell. Für solche Leute habe ich zwar kein Mitgefühl, aber ich kann mich irgendwie in sie hineinversetzen – ich bin schließlich lange genug im Geschäft; ich kann ziemlich genau vorhersagen, wie die sich verhalten. Dr. Walter Stewart – auch ein sehr guter Freund und Kampfgefährte, der nicht mehr unter uns ist –, bei dem ich mein erstes Praktikum in der Psychiatrie gemacht habe, hat immer gesagt, ich sei einer der besten Diagnostiker, die er kennt, weil ich so kühl und unbeteiligt sei und mich nicht von meinen Gefühlen oder Wunschvorstellungen leiten ließe.

LEGGEWIE: *Das ist jetzt wieder ein bißchen Burke?*

VACHSS: Ein bißchen, sicher. Das ist wie mit unserer Unterhaltung über die Techniken – man kann zwar einen kühlen Kopf haben, aber das Entscheidende ist, was man damit macht.

LEGGEWIE: *Wie sind Kinderschänder?*

VACHSS: Die behaupten alle, daß sie »zwanghaft« handeln, aber Fakt ist, daß die wenigsten von denen sich einfach plötzlich ein Kind von der Straße schnappen, obwohl das sicher auch vorkommt. Die meisten sind durchaus in der Lage, sich einen enorm komplizierten Plan auszudenken, dessen Umsetzung sich nur mit der Geduld eines listigen Raubtiers bewerkstelligen läßt. Sie reden von sich in einer Sprache, die von Nietzsche entlehnt ist: »Wir sind Übermenschen, für uns gelten nicht dieselben Grenzen wie für den Durchschnitt, wir sind auf der Suche nach unserem wahren Ich, die schlichteren Gemüter können uns nicht verstehen.« Solche Leute können Sie nicht wiedereingliedern – die lachen Sie aus, wenn Sie ihnen das vorschlagen. Eine der Pädophilenvereinigungen, über die wir ... (lacht) sehr gut informiert sind ... wissen Sie, wie man bei denen einen Pädophilen nennt, der sich durch eine Therapie von seiner sogenannten »Krankheit« heilen lassen möchte? Für die ist so einer ein Verräter. Deutlicher kann jemand seine Haltung ja wohl kaum erklären, oder?

LEGGEWIE: *Wenn ich mir die Täter anschaue oder vorstelle, die Sie mit Nachdruck als böse bezeichnen, dann kommt mir sofort die Vorstellung von der Banalität oder Trivialität oder Normalität des Bösen in den Sinn. Als Monster wirken sie doch unglaublich durchschnittlich.*

VACHSS: Diese Menschen, die Sie als banal bezeichnen, handeln weder unter einem biologischen noch unter einem chemischen Zwang. Der einzige Zwang, der sie dazu treibt, ist, den eigenen Spaß über die Rechte anderer zu stellen, ist ihre Begierde. Ich stimme Ihnen völlig zu, daß das Psychogramm eines typischen aggressiven Pädophilen sich in nichts von dem eines »Durchschnittsmenschen« unterscheidet. Wenn so einer festgenommen wird, sagen die Nachbarn ja tatsächlich immer: »Was denn, *der* soll so was gemacht haben?«

LEGGEWIE: *Einer von uns, einer wie wir.*

VACHSS: Manche Täter neigen weniger dazu, sich zu tarnen – sie führen eher ein Nomadenleben, sind heute hier und morgen dort und entziehen sich auf diese Weise der Überwachung. Im Gegensatz zum Serienmörder, der zumeist mehr die Tendenz hat, sich zu isolieren, eher ein spinnerter Eigenbrötler, ein etwas weltfremder Typ ist ... aber auch nicht immer. Das Raubtierhafte, das Monströse äußert sich nur im Verhalten dieser Leute – in ihren sonstigen Eigenschaften ist davon nichts zu merken. Wenn dem nicht so wäre, wenn es ihnen im Gesicht geschrieben stünde, daß sie Bestien sind, dann könnten wir ja einfach zielen und sie abschießen, nicht wahr? Das Erschreckende ist doch gerade, daß sie so sind wie wir, denn die meisten von denen kämen ja gar nicht dazu, über kleine Kinder herzufallen, wenn man ihnen nicht vertrauen und ihnen den Kontakt zu diesen Kindern ermöglichen würde. Die wenigsten kommen mit ihrem Wohnmobil angefahren und werfen das schreiende, zappelnde Kind einfach hinten rein, die wenigsten tragen Ninja-Masken, die wenigsten geben sich so offen zu erkennen.

LEGGEWIE: *Sonst würden sie nicht da tätig werden können, wo man ihnen Kinder anvertraut.*

VACHSS: Genau. Die meisten von ihnen suchen sich Jobs, bei denen sie Macht über Kinder und natürlich Kontakt mit Kindern haben. Sie bevorzugen Stellen wie Pfadfinderführer, Leiter kirchlicher Kindergruppen oder den Lehrerberuf. Wenn man ihnen ansehen könnte, daß sie anders sind als andere, dann wäre man ja gewarnt, aber so ist es eben nicht. Die meisten wirken auf den ersten Blick wie Versager, sie verhalten sich unterwürfig und hinterlassen keinen großen Eindruck – normal aggressive Leute würden sagen: »Was soll *der* schon machen?« Ich habe im Untergrund erschienene Anleitungen gelesen, wie man zu einem Pflegekind kommen kann: Natürlich darf man sich nicht unwirsch oder aggressiv zeigen, sondern muß so tun, als ob man ganz sanft, ganz tolerant, ganz liebevoll und warmherzig wäre. Diese Leute können jedes Verhalten nachäffen, die können jedes Verhalten imitieren. Ich habe einmal mit einem echten Musterexemplar gesprochen – der Kerl war wirklich überzeugend. Als ich ihn fragte: »Ist

Ihnen eigentlich klar, was Sie dem Kind angetan haben?«, hat er geweint – dem sind echt Tränen die Wangen runtergelaufen. Aber ich habe gewußt, daß er lügt, und als wir später allein waren und das Tonbandgerät abgeschaltet war, hat er es auch offen zugegeben. Da habe ich ihn gefragt: »Wie haben Sie das gemacht? Wieso konnten Sie so überzeugend weinen?« Und er hat mir erklärt, er schafft das, indem er sich bewußt an etwas Schlimmes erinnert, das passiert ist ... das *ihm!* passiert ist.

LEGGEWIE: *Täter als Opfer.*

VACHSS: An den meisten von denen ist einfach ein Schauspieler verlorengegangen. Sie können zwar nicht nachempfinden, was andere durchmachen, aber dafür erleben sie den eigenen Kummer gleichsam in millionenfacher Vergrößerung. In dem Gefängnis, das ich geleitet habe, gab es einen jungen Mann, der völlig emotionslos über seine Verbrechen reden konnte – unter anderem hatte er einen Mord auf dem Gewissen. Doch eines Tages kam er wutschnaubend zu mir ins Büro gerannt. Und wissen Sie, was die Ursache für diesen Gefühlsausbruch war? Irgend jemand hatte aus Versehen sein Kofferradio vom Regal geworfen, und es war kaputtgegangen. Das ist, grob gesagt, das Verhalten eines klassischen Soziopathen.

RACHE UND REFORM

Leggewie: *Nach amerikanischem Recht, in New York zum Beispiel, wie wird der Inzest juristisch definiert und eingestuft?*

Vachss: Nach dem Gesetz ist Inzest ein Verbrechen. Doch der Inzestparagraph im Staat New York besagt auch, daß es sich dabei um eine Straftat der niedrigsten Kategorie handelt und jeder Täter, selbst wenn er verurteilt wird, automatisch mit Bewährung rechnen kann.

Leggewie: *Das möchten Sie abschaffen?*

Vachss: Inzest umfaßt ein breites Spektrum in Frage kommender Taten, und eine noch größere Bandbreite von Tatumständen und Motiven. Ich meine einerseits, daß in bestimmten Fällen eine Bewährungsstrafe möglich sein muß – aber andererseits meine ich, daß es ebenso möglich sein muß, eine erhebliche Freiheitsstrafe zu verhängen. Ich meine, die Richter müssen die Opfer-Täter-»Beziehung« stärker differenzieren – es ist doch ein gewaltiger Unterschied, ob jemand, der sein Kind unsittlich berührt hat, seine Tat bereut, sich beim Opfer entschuldigt, seine Schuld nicht bestreitet und sich einer Therapie unterziehen möchte, oder ob ein »Mensch« sein Kind vergewaltigt, die Abscheulichkeit mit der Videokamera festgehalten und die Kassetten verkauft hat. Es ist keine Frage, daß die Richter einen vernünftigen Ermessensspielraum haben müssen. Nur, im Augenblick sieht es bei uns eben so aus, daß ein Täter, der ein Inzestverbrechen begeht, nicht viel zu befürchten hat, und das ist falsch.

Leggewie: *Die psychoanalytische Theorie trägt vielleicht*

dazu bei. Freud wie Jung, von denen besonders der letzte-
re traumatische Mißbrauchserfahrungen hatte, haben den
Inzest zum kindlichen Phantasieprodukt mystifiziert.

VACHSS: Ich lehne es ganz entschieden ab, mich für eine
dieser beiden gleichermaßen aberwitzigen Extrempositionen herzugeben – darüber haben wir ja bereits geredet. Für die eine Gruppe lauert der Inzest unter jedem
Bett und ist eine Bedrohung für alle Kinder. Die andere
hingegen behauptet, das sei alles bloß Phantasie, in
Wirklichkeit gebe es überhaupt keinen Inzest. Mich interessieren weder irgendwelche eigennützigen profit-
orientierten Spiele noch politische Programme – ich
will, daß man sich ehrlich bemüht, der Wahrheit auf
den Grund zu gehen.

LEGGEWIE: *Kann man das in einem Straf- oder Zivil-*
prozeß?

VACHSS: Bei einem Prozeß geht es im eigentlichen Sinne
nicht um Wahrheitsfindung – der Prozeß ist schlicht
und einfach ein Kampf, bei dem es Sieger und Verlierer
gibt, wobei beide mehrfach die Rollen tauschen können. Ich dagegen will, daß der Prozeß der Wahrheitsfindung abgeschlossen ist, bevor der Prozeß vor der Strafkammer überhaupt anfängt. Und wenn das Kind die
Wahrheit sagt, dann will ich, daß sich der Staat mit allen
ihm zu Gebote stehenden Mitteln hinter dieses Kind
stellt. Sagt das Kind aber nicht die Wahrheit, dann will
ich erfahren, warum es lügt. Ich hatte sogar schon Fälle,
wo ich ein Strafverfahren gegen denjenigen eingeleitet
habe, der – angeblich im Namen des Opfers – die Tat
zur Anzeige gebracht hat. Ich würde solche Dinge nie
ausschließen – wenn wir akzeptieren, daß es Menschen
gibt, die Kinder vergewaltigen und töten, was ist dann
so erstaunlich daran, daß diese Menschen Kinder auch
in anderer Form für ihre Zwecke benutzen.

Als jemand, der den Schutz der Kinder zum Beruf gemacht hat, kann ich nur sagen: In letzter Instanz ist die Wahrheit die mächtigste Waffe, die es gibt. Wenn also ein Kind die Wahrheit sagt, ist klar, was wir zu tun haben – wir schützen das Kind vor seinem Unterdrücker. Wenn ein Kind hingegen lügt, dann ist es höchstwahrscheinlich von einem Erwachsenen dazu angestiftet worden. Warum sollte ein vierjähriges Kind sich ausdenken, daß es vergewaltigt wurde? Wenn die Geschichte nicht wahr ist, müssen wir annehmen, daß sie dem Kind von jemandem eingeredet worden ist. Dann muß man feststellen, wer dieser Jemand war, und sich näher mit ihm befassen. Letztendlich gilt immer die Regel, daß man dem Kind keinen Gefallen tut, wenn man ihm hilft, die Lügen eines Erwachsenen zu verbreiten. Ein Kind, das zum Lügen angestiftet wurde, ist genauso mißbraucht wie ein Kind, das verprügelt worden ist. Und in mancher Hinsicht hat ein Kind, das unter Druck gesetzt wurde – sei es, um fälschlicherweise zu behaupten, es sei mißbraucht worden, sei es, um einen wahren Tatbestand zu bestreiten –, sogar etwas durchgemacht, das noch schlimmer ist als rein körperlicher Mißbrauch.

LEGGEWIE: *Es herrscht einiger Wildwuchs in den Strafbestimmungen über Inzest und sexuelle Gewalt.*

VACHSS: In manchen amerikanischen Bundesstaaten kann man für Geschlechtsverkehr mit einem Kind unter elf Jahren lebenslänglich ins Gefängnis kommen ... wenn es sich allerdings um das eigene Kind handelt, ist eine Strafe auf Bewährung möglich. Das ist doch einfach obszön! Ich sage klar und deutlich: Wenn wir die Täter dafür belohnen wollen, daß sie sich ihre Opfer selbst heranziehen, dann pervertieren wir alles, was an der Familie, an der Elternschaft heilig ist. Schon der Gedanke an sich ist böse ... Ich will natürlich, daß alle Kinder gleich behandelt werden. Der Begriff »Inzest« sollte aus dem Strafgesetzbuch getilgt und durch einen Paragraphen ersetzt werden, wonach Sex mit Minderjährigen grundsätzlich verboten ist, und zwar unabhängig davon, ob Täter und Opfer miteinander blutsverwandt sind.

LEGGEWIE: *Und wo liegt die Altersgrenze dann?*

VACHSS: Ich bin dafür, hier je nach Alter genau zu differenzieren. Ich würde sagen, jeder sexuelle Umgang mit Kindern – das heißt mit Personen, die nach dem in Amerika geltenden Gesetz noch nicht die Volljährigkeit erreicht haben – sollte verboten sein, es sei denn, der oder die andere Beteiligte – ich rede jetzt ausdrücklich nicht von erzwungenem, sondern nur von im gegenseitigen Einverständnis vollzogenem Geschlechtsverkehr – ist ebenfalls minderjährig. Beispielsweise würde ich Sex unter Teenagern selbstverständlich nicht kriminalisieren.

Haben wir es jedoch mit einem Abhängigkeitsverhältnis zu tun, so muß den Beteiligten sehr viel genauer auf den Zahn gefühlt werden. Nehmen wir also zum Beispiel an, eine Studentin im ersten Semester ist siebzehn, wird aber in ein paar Monaten achtzehn (was in den meisten Bundesstaaten die Volljährigkeit bedeutet): Wenn sie eine sexuelle Beziehung zu einem Professor hat, dann fände ich das sehr bedenklich, weil da ein Abhängigkeitsverhältnis vorliegt ... und mithin die Möglichkeit besteht, daß das Mädchen sexuell unter Druck gesetzt wurde und der Professor seine Macht, sie bei der Prüfung durchkommen zu lassen, als Waffe benutzt haben könnte.

Am meisten macht sich wohl der Inzesttäter die Abhängigkeit seines Opfers zunutze. Selbst wenn keinerlei körperlich Gewalt angewandt wird, ist und bleibt der Inzest eine erpresserische Vergewaltigung.

Als Grundregel sollte gelten: Je jünger das Opfer, desto strenger die Strafe. Für mich ist das schlichte menschliche Logik, schlichte menschliche Ethik. Bei anderen Straftaten werden ganz andere Maßstäbe angelegt. Wir wissen doch, wie es aussieht: Einer, der irgendwelche Investoren um Millionenbeträge bringt, landet selten hinter Gittern; dem kleinen Einbrecher, der einen Lebensmittelladen ausraubt und mit fünfzig Dollar abhaut, passiert das viel eher. Rasse, Klassenzugehörigkeit, Religion ... das sind Dinge, die von Rechts wegen bei der Urteilsfindung überhaupt keine Rolle spielen dürften, und doch weiß jeder, daß sie sehr wohl eine spielen. Aber wenn es um Verbrechen an Kindern geht, dann dürfen nur zwei Kriterien ins Gewicht fallen, nämlich die Schwäche des Opfers und der Schaden, der diesem zugefügt wird. Alle anderen Unterschiede, die da gemacht werden, sind unmoralisch und ungerecht.

LEGGEWIE: *Aber Kinder desselben Alters sind sehr unterschiedlich reif, und »Volljährigkeit« ist ein historisch dehnbarer Prozeß. Vielleicht wird diese Grenze bald auf 16 heruntergesetzt.*

VACHSS: Das soll mir recht sein, vorausgesetzt, man räumt diesen Kindern dann auch die gleichen Rechte und Privilegien ein wie den Erwachsenen. Ich bin doch nicht verrückt, ich weiß doch, daß die Menschen verschieden sind, und ich werde mich hüten, darüber hinwegzusehen, daß Reife ein sehr relativer Begriff ist. Ich kenne Vierzehnjährige, die sehr viel reifer sind als andere mit dreißig. Wenn Sie mir jemanden zeigen, der die Stärke und die Selbständigkeit eines Erwachsenen hat, sicher, dann muß es nicht unbedingt ein Verbrechen sein, mit so einem Menschen Geschlechtsverkehr zu haben. Ich frage mich bloß, warum diese ganzen sogenannten »Anwälte der Kinder«, die darauf drängen, daß die Altersgrenze beim »sexuellen Selbstbestimmungsrecht« herabgesetzt wird, sich eigentlich nicht dafür einsetzen, daß Kinder das Wahlrecht erhalten?

LEGGEWIE: *Sie haben bereits erfolgreich Gesetzesnovellen vorgeschlagen. Welche Gesetze müßten noch verändert werden?*

VACHSS: Erstens brauchen wir ein Gesetz, das die Straftaten spezifiziert, damit Vergehen an Kindern bis zu drei Jahren anders bestraft werden als beispielsweise Taten, die sich gegen Kinder zwischen sieben und zehn Jahren richten. Wir müssen das Strafmaß verschärfen – die derzeitigen Strafen sind unverhältnismäßig niedrig gemessen am Schaden, der den Opfern und im Grunde der ganzen Gesellschaft zugefügt wird. Außerdem brauchen wir eine gewisse Vereinheitlichung, die wir gegenwärtig nicht haben. Es ist doch der blanke Wahnsinn, daß man sich in dem einen Bundesstaat sexuell an einem Baby vergehen kann und dafür Bewährung bekommt, und jenseits der Grenze, 25 Kilometer weiter, kann man für dieselbe Tat lebenslänglich kriegen. All das führt lediglich dazu, daß die Perversion verlagert wird, in den Griff bekommt man sie nicht. Wenn die Polizei die Drogendealer aus einer bestimmten Straße vertreibt, hat man damit wohl kaum die Kriminalität unterbunden. Man hat sie lediglich an einen anderen Ort verlagert. Und wie die Leute in der einen Nachbarschaft sich freuen, daß sie die Plage los sind, so ärgern sich die in der anderen, wohin sich die Drogendealer verzogen haben, sicher darüber, daß sie das Problem jetzt am Hals haben.

Auf die Gefahr hin, daß ich mich wiederhole: Wir brauchen vereinheitlichte Vorgehensweisen bei den Ermittlungen, vereinheitlichte Fragebögen, eine vereinheitlichte Ausbildung ... denn nur so können wir in jedem einzelnen Fall die Wahrheit feststellen.

LEGGEWIE: *Schon um den* backlash *abzuwehren, der sich auf amateurhafte Untersuchungen beziehen kann.*

VACHSS: Damit wir uns mit den Gegenreaktionen auseinandersetzen können, müssen wir erstmal vor der eigenen Tür kehren. Wir sollten die Kritik an der Kinder-
und Jugendfürsorge nicht unterbinden, sondern die An-
stöße nutzen und einige der bürokratischen Abläufe
umgehend reformieren. Es muß gewährleistet und die
Regel sein, daß das Kind im Falle einer Anzeige wegen
Kindesmißbrauchs von einem absolut objektiven Fachmann befragt wird, der unabhängig ist und von nieman-
dem beeinflußt werden kann. Einem Fachmann, der
weder für die Polizei noch für das Opfer oder gar für
den Beschuldigten arbeitet! Wir brauchen einheitliche
Fragebögen, damit jedes Kind nach demselben Muster
befragt wird. Und damit jede Befragung auf Video aufgezeichnet und allen Parteien zugänglich gemacht werden kann. So muß das Kind nicht zwanzigmal befragt
werden, sondern nur einmal, und dieses eine Mal aber
richtig.

LEGGEWIE: *Wenn die Täter nicht geständig sind und es
sich um mehrere Einzelprozesse handelt, müssen die Kinder jedes Mal wieder als Zeugen vor Gericht erscheinen.*

VACHSS: Das Kind empfindet wiederholte Befragungen
als äußerst quälend; es fühlt sich dadurch bedrängt und
bekommt Angst. Manche Kinder entscheiden sich
buchstäblich dafür, ganz und gar zu schweigen, damit
die Qual (der Befragung) aufhört. Mir ist von Kindern
erzählt worden, daß diese armen Wesen, als man sie
zwang, das Unsagbare, das ihnen geschehen war, ein
ums andere Mal zu wiederholen, schon glaubten, daß
das alles nie ein Ende haben werde.

LEGGEWIE: *Sie stehen immer wieder vor ihren Peinigern.*

VACHSS: Deshalb muß es gewährleistet und die Regel
sein, daß Kinder ihre Aussagen machen können, ohne

dem Beschuldigten dabei ins Gesicht sehen zu müssen. Das ginge beispielsweise mit Hilfe einer internen Fernsehanlage – auf die Technik kommt es dabei nicht an; entscheidend ist allein das Resultat. Es gibt mißbrauchte Kinder, die auf den Menschen, der sie mißbraucht hat, einfach dermaßen panisch reagieren, daß sie schlechterdings nicht in der Lage sind, dem oder der Betreffenden von Angesicht zu Angesicht gegenüberzutreten. Wer mißbrauchte Kinder in dieser Weise demütigt, der vergeht sich abermals an ihnen, wenn auch in anderer Form.

Leggewie: *Bleibt noch das Problem der Verjährungsfrist.*

Vachss: Die derzeitigen Verjährungsbestimmungen schützen allein die Täter. Ein Mensch, der in seiner frühen Kindheit mißbraucht wurde und dadurch so schwer traumatisiert worden ist, daß er das Geschehene vollkommen verdrängt hat und sich erst Jahre später, wenn es längst zu spät ist, um die Staatsanwaltschaft einzuschalten oder eine Zivilklage anzustrengen, wieder daran erinnert, findet nirgendwo Schutz. Manche Kinder sind völlig verstört, und weil sie niemanden haben, zu dem sie sich flüchten können, verkriechen sie sich in sich selbst. Bei mißbrauchten Kindern besteht große Gefahr, daß sie dissoziative Störungen ausbilden; nicht selten entwickeln sie sich zu multiplen Persönlichkeiten. Kann man diese Menschen, wenn sie durch eine Therapie geheilt werden und erfahren, was sie krank gemacht hat, unter Hinweis auf die inzwischen vergangene Zeit daran hindern, Klage zu erheben? Bei Kindesmißbrauch darf die Verjährungsfrist nicht mit dem Zeitpunkt der Tat einsetzen, sondern erst, wenn das Opfer sich der Tat bewußt geworden ist.

Leggewie: *Zu einem solchen Gesetz hat sich bei uns gerade eine überraschende Koalition im Bundestag bereitge-*

funden – *übrigens gegen die meisten Abgeordneten der liberalen Partei.*

VACHSS: Wenn wir wirklich etwas verändern wollen, kommt es auf drei grundlegende Dinge an: Erstens gilt es, die Qualität und den Ablauf der Ermittlungen zu verbessern, zweitens müssen die Gerichte für die speziellen Bedürfnisse von Kindern sensibilisiert werden, und drittens bedarf es bei Vergehen an Kindern zum einen einer Schärfung des juristischen Verständnisses und zum anderen einer Verschärfung des Strafmaßes.

LEGGEWIE: *Aber unterliegt man nicht einer szientifischen Illusion, wenn man den Beweis naturwissenschaftlicher Evidenz anheimgibt? Sie setzen auf Experten, weil die These vom »Mißbrauch des Mißbrauchs« raffiniertere Methoden erzwingt. Aber für jede Expertise wird es dann eine Gegenexpertise geben, also einen Gutachterstreit zwischen Wissenschaftlern unterschiedlicher oder konträrer Auffassung.*

VACHSS: Ganz richtig – das gehört mit zu dem »Wettrüsten«, von dem ich bereits gesprochen habe. Jede Verbesserung der Ermittlungsmethoden ruft ein Heer von »Experten« auf den Plan, die ihren ganzen beruflichen Ehrgeiz darauf verwenden, das so gesammelte Beweismaterial zu entkräften. Ich will Ihnen sagen, unser Ziel ist nicht eine wissenschaftliche Methode, mit der wir entscheiden können, ob etwas wahr ist, sondern wir wollen bei der Wahrheitsfindung von der Wissenschaft Gebrauch machen. Ich bin nicht der Meinung, daß das eine Sache der Polizei und das andere Sache der Sozialarbeiter ist. Ich meine, wie schon gesagt, daß wir geschulte Experten brauchen, die das Kind beim geringsten Verdacht auf Mißbrauch in eigens dafür eingerichteten Räumen empfangen, Räumen, in denen sämtliche Befragungen durchgeführt und grundsätzlich auf Video aufgezeichnet werden.

LEGGEWIE: *Diejenigen, die die Fragebögen auswerten, dürfen nicht gleichzeitig als Therapeuten für das Kind zuständig sein.*

VACHSS: Und sie müssen vom Staat ein Gehalt bekommen, das konstant ist und sich nicht danach richtet, ob das Kind die Wahrheit sagt oder ob es lügt oder ob sie nicht entscheiden können, welche dieser beiden Möglichkeiten zutrifft. Außerdem müssen sie unabhängig von der Anzahl ihrer Fälle bezahlt werden, damit sich da keine eigene »Branche« entwickeln kann. Das wird – so bedauerlich es ist – unsere derzeitigen Methoden nicht sofort ersetzen können, aber es wird uns einer einheitlichen Methode näherbringen.

LEGGEWIE: *Diese Reformen und Gesetzesänderungen vollziehen sich weit entfernt von der Öffentlichkeit.*

VACHSS: Ja, da haben Sie recht. Ich bin auch der Ansicht, daß wir, insgesamt gesehen, ein internationales Grundgesetz für Kinder brauchen, einen Schutzschild von durchsetzbaren – das ist das Schlüsselwort – Gesetzen, und diese Gesetze müssen an allen Schulen auf dem Lehrplan stehen. Wenn heute ein Kind im eigenen Elternhaus gequält wird, glaubt es, daß alle Kinder so behandelt werden – es hat ja kein anderes Bezugssystem. Ein Grundgesetz würde allen Kindern der Welt erklären, daß es bestimmte Dinge gibt, die kein Elternteil tun darf, und daß es strafbar ist, wenn Eltern sich so verhalten. Ich persönlich bin sehr für das skandinavische Modell, das die körperliche Züchtigung von Kindern grundsätzlich verbietet, aber ich gebe mich nicht der Illusion hin, daß so etwas in absehbarer Zeit irgendwoanders gesetzlich festgeschrieben werden wird. Trotzdem sehe ich nicht ein, warum wir nicht auf der Stelle *durchsetzbare* Gesetze gegen das Vermieten oder den Verkauf von Kindern als Sexobjekte einführen können.

LEGGEWIE: *Das wird versucht in Deutschland. Die Kinderkommission des Bundestages schlägt ein generelles Verbot von Züchtigung und strikt gewaltlose Erziehung vor.*

VACHSS: Gut! Ich kann beweisen, daß es in Amerika Menschen gibt, die es erotisch stimuliert, wenn sie Kinder schlagen. Das ist das Thema meines nächsten Buches – *Down in the Zero* –, diese Leute handeln tatsächlich mit Fotos und Videokassetten, die zeigen, wie Kinder geschlagen werden, und wenn man sie dann zur Rede stellen würde, würden sie sich auf die Bibel berufen, wo geschrieben steht, wer sein Kind liebt, der züchtigt es beizeiten, und dann würden sie behaupten, sie täten das alles bloß zum Wohle des Kindes. Das ist ein himmelschreiender Unsinn – eine hundsgemeine Lüge. Ich hatte mal eine Diskussion mit ein paar Frauen aus der S/M-Branche. Am Anfang haben die mich eiskalt abblitzen lassen, weil sie dachten, ich will ihre Sexspiele angreifen. Aber als ich ihnen dann nachgewiesen habe, daß sie mit einigen der Dinge, die sie herstellen, in der Tat Kinderschänder unterstützen, waren sie wie verwandelt und hatten mir sogar geholfen, gesetzliche Schritte gegen ein paar sehr gefährliche Leute einzuleiten. Es erübrigt sich zu sagen, daß diese Frauen durchweg in ihrer Kindheit mißbraucht worden waren.

LEGGEWIE: *Wir haben darüber gesprochen, daß dank der verbreiteten Video-Technologie aus Inzest- und Mißbrauchssituationen heute leicht kommerzieller Profit geschlagen wird. Da scheint mir die Gesetzgebung nicht ganz auf dem letzten Stand der Technik.*

VACHSS: Sie dürfen nicht vergessen, daß unser Krieg sich nicht gegen die Technik richtet – wir bekämpfen lediglich den Einsatz der Technik im Dienste des Bösen. Die Gesetzgebung ist ihrem Wesen nach nicht aktiv, sondern reaktiv. Zuerst muß das Problem erkannt werden, dann muß ein tragfähiges politisches Bündnis geschlossen werden, und so weiter. Das Entscheidende ist, daß man sich auf das aktive Handeln konzentriert – die Technik ist zweitrangig. Ich bin der Ansicht, daß die Strafen für den Verkauf von Kinderpornographie deutlich angehoben werden müssen – das derzeitige Verhältnis von Gewinn und Risiko ermuntert Kriminelle ja geradezu, in dieses Geschäft einzusteigen. Sie brauchen doch bloß mal zu vergleichen, wie hoch die Strafe ausfällt, wenn jemand ein Kilo Kokain von einem Bundesstaat in einen anderen schmuggelt, was einer kriegt, der eine LKW-Ladung Kinderpornos transportiert, und wenn Sie dann noch daran denken, daß Kinderpornos im Gegensatz zu Betäubungsmitteln unendlich vervielfältigt werden können, ohne daß das Original verloren geht – probieren Sie das mal mit Kokain –, und wenn Sie überlegen, wie gigantisch der Markt für diesen Dreck ist … dann wissen Sie, wovon ich rede. Wer jetzt sagt: »Wie können Sie denn Kinderpornos mit Betäubungsmitteln vergleichen?«, dann habe ich darauf eine einfache, logische Antwort parat: Die Attraktivität einer verbotenen Ware läßt sich grundsätzlich danach beurteilen, ob Kriminelle, die kein persönliches Interesse an dem betreffenden Produkt haben, in das Geschäft einsteigen. Wissen Sie noch, was ich Ihnen über die nichtpädophilen Hersteller von Kinderpornographie erzählt habe? Beim illegalen Handel mit Betäubungsmitteln sitzen auf der obersten Stufe der Leiter – oder besser, an der Spitze der Pyramide – nicht etwa die Süchtigen, sondern die Geschäftsleute. Kaltblütige, soziopathische Geschäftsleute, ja, aber nichtsdestoweniger Geschäftsleute. Und wenn man im Vertriebssystem für Kinderpornographie bis zur Spitze vordringt, findet man auch dort nicht mehr die Pädophilen. Das beweist, daß Kinderpornographie ein Geschäft ist. Ja, es stimmt, daß Pädophile häufig ihre eigene Ware herstellen und sie ohne nennenswerte finanzielle Interessen an Perverse verhökern. Aber wenn der Markt erst einmal stabil ist – und das ist er seit vielen Jahren –, werden Sie immer wieder erleben, daß das organisierte Verbrechen kommt und sich sein Stück von dem Kuchen abschneidet.

LEGGEWIE: *Wie schreckt man die Leute ab, solche Produkte zu kaufen? Es nützt ja wohl nichts, an ihren »inneren Schweinehund« zu appellieren, den sie gerade losgelassen haben ...*

VACHSS: Nein, man muß das Risiko erhöhen. Wenn das Geschäft mit der Kinderpornographie ein so großes Risiko in sich birgt – vor allem für Wiederholungstäter –, werden immer mehr Leute sich davon abwenden. Das heißt, wir brauchen unbedingt höhere Strafen.

GERECHTIGKEIT –
WIE KANN MAN SIE FINDEN?

LEGGEWIE: *Um gerechte Urteile und angemessene Strafen zu finden, hängt sehr viel von denjenigen ab, die mit Mißbrauch konfrontiert sind: Sozialarbeiter, Polizisten, Therapeuten ...*

VACHSS: Die Sozialarbeiter können von der Polizei allerhand über Ermittlungstechniken lernen – die Polizei kann von den Sozialarbeitern allerhand in puncto Mitgefühl lernen. Ich wünschte, es gäbe speziell ausgebildete Kräfte, die beides beherrschen – oder, noch besser, Teams von Ermittlern aus beiden Bereichen. So daß sich, wenn jemand kommt und einen Verdacht auf Kindesmißbrauch anzeigt, das ganze Team der Sache annimmt – und zwar mit dem eindeutigen Auftrag, die Fakten zu ermitteln. Wenn wir in der Frage weiterkommen wollen, dann brauchen wir, und das ist die Mindestforderung, bei der man absolut keine Abstriche machen kann, professionell geschultes Personal zur Feststellung der Fakten.

LEGGEWIE: *Sozialarbeiter, die verdeckt ermitteln, kommen leicht in den Geruch, Schnüffler und Denunzianten zu sein. Ihr Auftrag ist aber, die Familie »zusammenzuhalten«.*

VACHSS: Es muß endlich Schluß sein mit dieser Idiotie, daß professionelle Sozialarbeiterinnen zwei Seelen in ihrer Brust haben müssen, wenn sie ihre Aufgaben erfüllen wollen. Heute passiert doch folgendes: Wenn eine Sozialarbeiterin aufgrund einer Klage ermittelt und einen Kindesmißbrauch feststellt, wird von ihr praktisch verlangt, daß sie das Kind schützen und gleichzeitig dem Täter helfen soll! Das geht nicht – das ist eine Fiktion, die sich der Gesetzgeber ausgedacht hat. Das derzeitige System, wo dieselbe Sozialarbeiterin mit beiden Beteiligten zu tun hat, muß durch getrennte Teams ersetzt werden, die sich jeweils auf ihren Verantwortungsbereich konzentrieren können.

LEGGEWIE: *Der Konflikt geht dann mitten durch eine Behörde.*

VACHSS: Wenn ein Anwalt in einem Rechtsstreit beide Parteien vertreten wollte, würde alles im Gericht »Interessenkonflikt« schreien. Doch wenn eine Sozialarbeiterin tagaus, tagein genau das tut, dann heißt so was »Familientherapie« und wird akzeptiert. Das Gesetz verlangt von den Kinder- und Jugendfürsorgern, sich ernsthaft um die Wiederherstellung der »familiären Harmonie« zu bemühen, aber wie oft gibt es gar keine »Familie«, deren »Harmonie« wiederhergestellt werden kann.

LEGGEWIE: *Die Sozialarbeiter müssen sich zerreißen – oder Partei ergreifen.*

VACHSS: Wenn sie gezwungen sind, sich zu entscheiden zwischen einem Erwachsenen, der sich ausdrücken – und herausreden – kann, und einem Kind, das vielleicht noch nicht einmal sprechen kann, dann wird (kann) es nicht ausbleiben, daß fatale Fehler passieren.

LEGGEWIE: *Viele Sozialarbeiter sind überfordert, eine Inzestsituation zu durchschauen, oder wie Detektive hieb- und stichfeste Indizien zu sammeln und dann alles daranzusetzen, den Schutz des Kindes zu gewährleisten.*

VACHSS: Sozialarbeiter müssen sorgfältig ausgewählt werden, bevor man sie in dem System arbeiten läßt. Wenn ein Sozialarbeiter zum Beispiel der Meinung ist, »alle Kinder lügen«, oder glaubt, daß Kinder sich den sexuellen Mißbrauch nur »ausdenken«, kann er seine Aufgabe nicht ordentlich erfüllen. Und wenn er der felsenfesten Überzeugung ist, daß Kinder niemals lügen und so weiter, kommt er für diese Tätigkeit genausowenig in Betracht.

LEGGEWIE: *Aus all Ihren Vorschlägen geht immer wieder eines hervor: Die absolute Priorität genießen die Opfer, wir sollen nicht zu stark auf die Täter starren.*

VACHSS: Ein Kind, das in Gefahr ist, muß geschützt werden. Erst wenn die Sicherheit des Kindes garantiert ist, aber wirklich erst dann, können wir anfangen, uns um den Täter zu kümmern. In machen Fällen, und das trifft insbesondere, aber nicht nur, bei sexuellem Mißbrauch zu, ist es sehr wichtig, den Täter aus der gemeinsamen Wohnung zu entfernen. Gegenwärtig läßt man indes die meisten Inzesttäter weiter in der Familie wohnen, weil sie den Lebensunterhalt verdienen, und bringt statt dessen das Opfer in ein anderes Umfeld. Wer sein eigenes Kind mißbraucht hat, kann trotzdem das Sorgerecht behalten, wenn er sich bereiterklärt, sich von einer Fürsorgerin beraten zu lassen, und im Zuge dieses »Rehabilitationsprozesses« wird nur allzu vielen Kindern abermals Schaden zugefügt. Wenn das Opfer merkt, daß die »Hilfsinstanzen« dem Täter gewogen sind oder ihn sogar aktiv unterstützen, dann ist für dieses Opfer der Weg zu einer psychopathischen Entwicklung bereitet.

LEGGEWIE: *Sie wollen einer »Vorsortier-Mentalität« (triage mentality) zum Durchbruch verhelfen.*

VACHSS: Genau. Als erstes müssen wir unsere Zeit und unser Geld in den Schutz der Kinder investieren. Und an zweiter Stelle müssen wir entscheiden, bei welchen Straftätern sich Wiedereingliederungsmaßnahmen wirklich lohnen. Diese Entscheidung muß so bald als möglich getroffen werden, denn Kinder bleiben nur eine sehr kurze Zeit Kinder, und wenn wir zulassen, daß ihre Kindheit über unseren vergeblichen Bemühungen, die Täter »wiedereinzugliedern«, dahingeht, dann bringen wir sie um die durchaus reelle Chance einer Adoption und begehen mit unserem Fehlverhalten Verrat nicht nur an den Kindern und den adoptionswilligen Paaren, sondern an der ganzen Gesellschaft.

LEGGEWIE: *Zeit und Geld sind knappe Ressourcen.*

VACHSS: Es ist eine Zeit- und Geldverschwendung, Verbrecher, die ihre Taten nicht bereuen, wiedereingliedern zu wollen; die Toleranz der Gesellschaft für solche Maßnahmen sollte sich in Grenzen halten. Ich darf Sie daran erinnern, was wir über die verschiedenen Tätertypen gesagt haben. Wir müssen eine deutliche Unterscheidung vornehmen und die für jede Gruppe zur Verfügung stehenden Mittel angemessen verteilen. Bei den Unfähigen, bei denen Wiedereingliederungsmaßnahmen etwas bewirken können, genügt es manchmal schon, ihnen wirtschaftlich unter die Arme zu greifen, ihnen eine Sozialfürsorgerin an die Seite zu stellen oder ihnen in einer Situation, die sie überfordert, weiterzuhelfen, dann hört der Mißbrauch sofort auf, und die Familie kann zusammenbleiben. Wenn es nach mir ginge, würden unsere gesamten finanziellen Mittel ausschließlich diesem Tätertyp zugutekommen.

Bei den Geisteskranken sieht es so aus, daß manche Störungen sich recht gut behandeln lassen und andere weniger. Hier würde ich deshalb Aufwand und Nutzen mit kühlem Kopf abwägen. Die eigentliche Entscheidung betrifft doch die Leute, die ihre Kinder aus Vergnügen oder Profitgier quälen. In diesem Fall würde ich immer sofort die Sicherheit der Kinder obenanstellen. Wenn das familiäre Zusammenleben durch einen einzelnen Täter vergiftet wird, würde ich den Betreffenden umgehend aus dem Haushalt entfernen. Wenn jedoch die »Familie«, das ganze »Elternhaus« vergiftet ist, würde ich das Kind herausnehmen. Für die »Wiedereingliederung« solcher Menschen oder die Wiederherstellung solcher »Familien« würde ich keinen Cent ausgeben.

Sie dürfen nicht vergessen: Das Kind kennt die Wahrheit – es weiß, daß nicht die Worte zählen, sondern allein das Verhalten. »Kindesmißbrauch« ist ein dehnbarer Begriff, der alles mögliche umfaßt, von der leichten Vernachlässigung bis hin zur Vergewaltigung. Wenn jemand einem kleinen, wehrlosen Baby sämtliche Knochen bricht – und ich habe Fälle gesehen, wo es für den Doktor einfacher war, die heilen Knochen aufzuzählen als die gebrochenen –, wenn wir solch eine Tat als »Kindesmißbrauch« bezeichnen, dann ist das keine Diagnose, sonden Schönfärberei. Wer so etwas tut, ist ein gemeiner Verbrecher, eine mörderische Bestie, die ihre Aggressionen an dem hilflosesten Wesen ausgelassen hat, das man sich vorstellen kann ... aber wenn so einer zufällig mit diesem schwachen, hilflosen kleinen Geschöpf *verwandt* ist, dann heißt es, vergeßt die Strafjustiz, dann schicken wir ihn zu den Sozialarbeitern! Das ist nicht nur das falsche Signal an die Gesellschaft, es entbehrt jeder Logik, und das auf einem Gebiet, wo wir vor allem Pragmatismus brauchen.

LEGGEWIE: *Kritiker führen oft ins Feld, daß im Kampf gegen den sexuellen Mißbrauch unendlich viel guter Wille, bisweilen auch ein regelrechter Tugendterror vorherrscht, aber zu wenig Professionalität und juristische, psychologische und soziale Kompetenz.*

VACHSS: Ich meine, man muß den Menschen, die ernsthaft an der Arbeit mit Kindern interessiert sind, als Ge-

genleistung für ihre Bereitschaft, an vorderster Front in der Kinder- und Jugenfürsorge tätig zu werden, die Möglichkeit geben, sich fachgerecht und auf hohem Niveau zu qualifizieren. Gegenwärtig sind die Leute, die an der Basis kämpfen, die Sozialbetreuer, in einer unmöglichen Situation: Sie sind ungenügend ausgebildet, es gibt zu wenige Stellen, die Leute sind unzulänglich ausgerüstet, unterbezahlt ... und sie genießen keine gesellschaftliche Anerkennung. Wenn man in diesem Beruf arbeiten will, dann reicht es nicht, schöne Worte zu machen. Sozialbetreuer, die an vorderster Front in der Kinder- und Jugendfürsorge tätig sind, müssen die Möglichkeit bekommen, sich fachgerecht zu qualifizieren, sie müssen entsprechend ihrer Qualifikation bezahlt werden, und sie brauchen fachgerechte Anleitung. Wenn das nicht geschieht, dann werden wir uns weiter mit einer handlungsunfähigen Behörde herumschlagen müssen, die nicht mal in der Lage ist, ihr Personal bei der Stange zu halten, weil die Sozialbetreuer einer nach dem anderen vor lauter Frustration und Verzweiflung die Flinte ins Korn werfen.

LEGGEWIE: *Reformer fragen nie danach, ob sie jemals zu Ende kommen.*

VACHSS: Daß wir ans Ziel kommen, steht für mich außer Frage. Es fragt sich bloß, ob wir weiter Kurs aufs Paradies halten oder ob wir in die Hölle schlittern.

LEGGEWIE: *Gibt es etwas spezifisch Amerikanisches an dieser ganzen Debatte?*

VACHSS: Was soll denn am Kindesmißbrauch spezifisch amerikanisch sein? Ich kann nur sagen, meine Bücher wurden in sehr viele Sprachen übersetzt, und in allen Ländern, in denen meine Bücher erschienen sind, haben sich Menschen an mich gewandt – Menschen aus allen möglichen Schichten – Arbeiter, Akademiker, Leute aus dem kriminellen Milieu –, und alle sagen sie: Bei uns passiert genau das gleiche. Wenn das Problem in Deutschland kein Thema wäre, wieso machen Sie dann dieses Interview? Es mag typisch amerikanisch sein, Probleme in dieser Weise öffentlich zu erörtern, aber das Problem an sich ist gewiß kein typisch amerikanisches.

LEGGEWIE: *Die Europäer sagen aber: Erst haben uns die Amerikaner ihre sexuelle Obsession gebracht, und jetzt fangen sie an mit der neuen Mode der sexuellen Korrektheit und Prüderie.*

VACHSS: Das soll wohl ein Witz sein? Es ist ja ein sehr beliebtes Spiel, anderen die Schuld in die Schuhe zu schieben, am liebsten anderen Ländern oder anderen Kulturen. Die Franzosen zum Beispiel nennen die harmlosen Formen des Sadomasochismus *le vice Anglais*. Wer käme wohl auf die Idee, den Deutschen vorzuwerfen, sie hätten gewisse sexuelle Perversionen erfunden, weil Krafft-Ebing der erste war, der diese Deviationen benannt hat. Es gibt unzählige Beispiele dafür, wie einzelne Menschen oder ganze Völker zu Sündenböcken gemacht werden. Wenn ich im Ernst daran glauben könnte, daß es irgendein Land gibt, in dem keine Kinder mißbraucht werden, wäre ich morgen dort – nicht, um dort zu leben, sondern um dieses unglaubliche menschliche Phänomen zu studieren. Kinder zu mißbrauchen ist eine *menschliche* Veranlagung. Kindermißbrauch ist weder kulturell noch sozial, ethnisch, rassisch, religiös oder ökonomisch bedingt. Können Sie mir ein Land nennen, in dem es keine nachgewiesenen Fälle von eindeutigem Kindesmißbrauch gibt?

LEGGEWIE: *Nein, aber es gibt kulturelle Unterschiede.*

VACHSS: Genauso, wie sie sich die Technik zunutze machen, passen manche Kindesmißbraucher ihre Praktiken der jeweiligen Kultur an … daher kann es in verschiedenen Kulturen zu unterschiedlichen Formen des Kindesmißbrauchs kommen. Überall auf der Welt schlagen Menschen ihre Kinder, in jedem Land gibt es solche Bestien – und je lauter ein Staat versichert: »Bei uns kann das nicht passieren«, desto leichteres Spiel haben die Kinderschänder. Sie dürfen nicht das Mittel mit dem Zweck verwechseln. In Amerika zum Beispiel wurden letztes Jahr über 10 000 Menschen durch Handfeuerwaffen getötet, während es in Großbritannien nur etwa ein Dutzend waren – aber das bedeutet doch nicht, daß Großbritannien ein gewaltfreies Land ist. Das bestätigt nur, daß sich die menschliche Gewalttätigkeit aller verfügbaren technischen Hilfsmittel bedient. Menschen mit Schußwaffen umzubringen mag »typisch amerikanisch« sein, doch mit dem Kindesmißbrauch verhält es sich in Amerika kein bißchen anders als in anderen Ländern.

LEGGEWIE: *Vielleicht ist es das erste komplett internationalisierte Verbrechen der Weltgesellschaft?*

VACHSS: Sicher, aber ich überlege mir genau, worüber ich schreibe. Einen Burke, der nach Berlin kommt, werden Sie in absehbarer Zeit nicht erleben. Ich schreibe nur über das, was ich kenne, ich würde niemals aufgrund von Informationen aus zweiter Hand ein Buch über Kindesmißbrauch in Deutschland schreiben. Aber wenn Sie mit mir der Ansicht sind, daß Kindesmißbrauch eine menschliche Veranlagung ist, dann wissen Sie auch, daß dieses Phänomen sich nicht an Ländergrenzen hält.

EINE CHANCE FÜR DIE
DEUTSCHEN

LEGGEWIE: *Sie haben 1994 Deutschland besucht, was waren Ihre Eindrücke?*

VACHSS: Ich glaube nicht, daß es mir zukommt, über meine Eindrücke von Deutschland zu sprechen – ich war ja nur sehr kurz da; im Grunde habe ich doch bloß einen Eindruck von den deutschen Journalisten. Bei meinen Lesungen in Hamburg und Frankfurt bin ich mit ein paar Leuten ins Gespräch gekommen, und dann war da die politische Diskussion in Bonn, ich hatte also schon Gelegenheit, wenn auch in begrenztem Maß, mit normalen Leuten zu reden. Mein Eindruck ist, daß es so etwas wie den »deutschen Nationalcharakter« nicht gibt. Ich halte das für eine Legende, und ich habe auch immer wieder gesagt, daß Deutschland in meinen Augen zur Zeit die größte, die einmalige Chance hat, die je ein Land in der Geschichte gehabt hat.

LEGGEWIE: *Worin soll die bestehen?*

VACHSS: Weil es auf diesem Planeten keinen schlimmeren Fluch gibt als den Nationalismus. In Biafra habe ich erlebt, wie zwei Stämme einander aus purem Nationalstolz abgeschlachtet haben, wie sie ihre eigenen Landsleute, ihre eigenen Brüder und Schwestern umgebracht haben. Und natürlich auch ihre Kinder.
Solche völkervernichtenden Kriege gibt es nicht nur in Afrika. Bosnien ist der lebende ... oder vielmehr der sterbende ... Beweis. So etwas gibt es, solange es Menschen gibt. Und getragen wird dieser Nationalismus vom Glauben, daß Menschen, die anders sind als man selbst, eine »nationale Eigenart« oder einen »Na-

tionalcharakter« haben. Nicht selten äußert sich das in Form von Rassismus oder in der Unterdrückung ethnischer Minderheiten, aber die Wurzel ist immer dieselbe. Und wenn die Menschen in anderen Ländern sehen, wie Skinheads Ausländer überfallen, dann sagen sie natürlich: »So was kann nur in Deutschland passieren, da ist das deutsche Wesen zugange.« Aber diese unglückliche Entwicklung birgt andererseits auch eine sehr große Chance in sich, und zwar nicht bloß in Deutschland, sondern für die gesamte Welt.

LEGGEWIE: *Danach sieht es im Moment allerdings nicht aus.*

VACHSS: Nur, wenn Deutschland diese Chance nutzt und nicht nur den Skinheads, sondern allem Abscheulichen, was die Skinheads repräsentieren, Widerstand entgegensetzt. Wenn Deutschland das schafft – und davon bin ich überzeugt –, dann werden zwei wichtige Dinge passieren. Zum einen wird dann der Mythos vom häßlichen Deutschen in sich zusammenfallen. Und damit werden diejenigen, die behaupten, die Deutschen hätten von Natur aus eine Veranlagung zum Faschismus, sich in einer Reihe mit denen wiederfinden, die sagen, Schwarze seien von Natur aus faul, Juden seien von Natur aus geldgierig, Orientalen seien von Natur aus hinterhältig und so weiter. Mit anderen Worten, wenn es dem deutschen Volk gelingt, der Welt zu beweisen, daß es die Neonazis nicht duldet, werden sich diejenigen, die den Deutschen eine genetische Prädisposition unterstellen, in einer Reihe mit allen anderen beschränkten Rassisten wiederfinden, und dummes Gerede wird weder ethisch-moralisch noch intellektuell ernstgenommen werden. Wenn wir die Welt verbessern wollen, dann müssen wir zuerst einmal den Nationalismus in die Schranken weisen.

Aber ihr in Deutschland werdet etwas noch Wichtigeres erreichen. Wenn ihr der Welt beweist, daß das deutsche Wesen durchaus keinen Hang zum Faschismus hat, dann kann kein Land der Welt sich mehr hinstellen und selbstgefällig erklären: »Bei uns kann so was nicht passieren!«, verstehen Sie? Solange die Leute denken, der Faschismus sei etwas typisch »Deutsches«, werden sie sich vormachen, ihr eigenes Land sei gegen so etwas gefeit. Wenn ihr diese Legende Lügen straft, dann sorgt ihr dafür, daß die Menschen aufwachen, daß sie sich der Gefahr bewußt werden. Man darf nicht vergessen, daß die Naziherrschaft in Deutschland erst ein paar Jahrzehnte vorbei ist. Historisch gesehen, ist das eine sehr kurze Zeitspanne, und es leben ja noch sehr, sehr viele Menschen, die sich an jene Epoche erinnern können. Wenn diese Menschen sehen, wie das deutsche Volk mit vereinten Kräften gegen die Neonazis kämpft, dann ist das eine phantastische und ungeheuer ermutigende Lehre für die ganze Menschheit.

LEGGEWIE: *Die wenigsten Deutschen glauben Ihnen, daß sie diese Chance haben.*

VACHSS: Ich hoffe, meine Achtung vor den Deutschen trägt dazu bei, dieses Volk davon zu überzeugen, daß es diese wunderbare Chance tatsächlich hat. Sicher, ich sollte nicht allzu ausgiebig über die Bedingungen in Deutschland reden – ich bin da wirklich nicht kompetent. Aber mein Buch *Shella* wird bei Ihnen noch eine ganze Weile zu haben sein. Und in *Shella* analysiere ich die Neonazis. Wenn die Skinheads keine Nazis wären, könnten sie genausogut Maoisten sein … sie sehnen sich verzweifelt danach, irgendwo hinzugehören, ein Gemeinschaftsgefühl zu erleben, also schließen sie sich der einzigen Bewegung an, die sie nicht abweist. In Deutschland wird, genau wie in meinem Land, der Fehler gemacht, die Skinheads als schwachsinnige rassistische Schläger abzutun. Es mag durchaus sein, daß das

Rassisten sind, und es mag auch sein, daß sie sich wie Schläger aufführen, aber sie sind nicht so dumm, wie ihr Verhalten uns glauben machen könnte. Sie reagieren aus dem Bauch, aus dem Gefühl ... und es wird ja überhaupt nicht versucht, mit ihnen zu reden. Wieso ringt eigentlich keiner darum, deren Seelen zu retten?

LEGGEWIE: *Wie denn?*

VACHSS: Wenn die Skinheads in meinem Land Schwarze oder Hispano-Amerikaner oder Asiaten oder dergleichen wären, hätte die Regierung längst eine Sonderkommission gebildet, die sich mit dem Problem auseinandersetzen müßte, dann würden Koalitionen gebildet, Ausschüsse einberufen, Mittel bereitgestellt ... und und und. Aber weil die Skinheads Weiße sind, glaubt man, sie hätten das Zeug, den Amerikanischen Traum wahrzumachen! Was natürlich idiotisch ist. Es gibt in Amerika sehr, sehr viele Weiße aus der Arbeiterklasse, oder vielleicht sollte ich lieber sagen aus der Klasse der Arbeitslosen, die sich absolut entrechtet, total entfremdet fühlen. Wer glaubt, die Skinheads wären Jugendliche aus den Mittelschichten, die das College geschmissen haben, um Hitler nachzueifern, der schläft mit offenen Augen. Wie will man ein Problem lösen, von dem man nicht einmal zugibt, daß es existiert?

LEGGEWIE: *Also glauben Sie, daß die Rechtsradikalen aus den Unterschichten kommen und hauptsächlich Leute sind, die sich vom sozialen Abstieg bedroht fühlen?*

VACHSS: Es wird behauptet, die Arbeitslosigkeit sei enorm gesunken, sie betrage nur noch zehn Prozent. Aber wenn man zu den zehn Prozent gehört, ist es einem egal, ob sie bei zehn oder bei hundert Prozent liegt, man ist und bleibt arbeitslos.

LEGGEWIE: *Aber Neonazis sind nicht nur sozial Verelendete und marginalisierte Randgruppen.*

VACHSS: Die jungen Neonazis treten eben der einzigen Bewegung bei, die sie haben will. Im Grunde hat in Amerika der Liberalismus die Neonazi- und Skinheadbewegung gefördert. Wissen Sie, warum die jungen Skinheads sich so aufführen? Wenn das Schwarze oder Hispano-Amerikaner oder Indianer wären, würde jeder sagen: »Klar! Das ist eine Minderheit, die sich unterdrückt fühlt, und das ist ihre Art und Weise, sich dagegen zu wehren.« Aber weil diese Jugendlichen Weiße sind und aus der Arbeiterklasse stammen, hält man sie bloß für rassistische Schläger. In Wirklichkeit sind sie durch und durch entfremdet. Und zwar nicht nur, weil sie keine Arbeit haben, obwohl das sicherlich ein Faktor ist. Und auch nicht nur, weil sie wenig Geld haben – das ist alles nicht der Punkt. Jugendliche Skinheads sehen sich als Ausgestoßene. Sie betrachten beispielsweise das Gesetz, demzufolge Angehörige ethnischer Minderheiten bevorzugt mit Arbeitsplätzen zu versorgen sind, als Angriff auf ihre persönlichen Chancen. Sie fühlen sich von der Gesellschaft ausgestoßen, isoliert, an den Rand gedrängt. Und der Nazismus gibt ihnen nicht nur das Gefühl, irgendwo hinzugehören, sondern ermöglicht ihnen darüber hinaus, sich aufgrund ihrer Abstammung überlegen zu fühlen – und sich für die Führer von morgen zu halten.

LEGGEWIE: *Ich habe den Eindruck, daß Neonazis genauso »aus der Mitte« der Gesellschaft kommen, also oftmals weniger Außenseiter als gut integrierte »Extremisten der Mitte« sind, die etwas ausführen, von dem sie mit einigem Recht meinen können, daß es die Mehrheit der Gesellschaft oder jedenfalls ihre Umgebung wünscht, sich aber nicht traut. Und dabei fühlen sie sich oft als verkannte, ausgestoßene Minderheit.*

VACHSS: In jeder Nazigruppierung gibt es drei Kategorien: Es gibt die wirklich Überzeugten – die winzige Minderheit derjenigen, die tatsächlich an den Unsinn von der »Herrenrasse« glauben; es gibt die Profiteure – clevere Abstauber, denen die Ideologie vollkommen gleichgültig ist, die nur eine günstige Gelegenheit suchen, um sich zu bereichern. Wenn die wirklich Überzeugten die Tauben sind, dann sind das die Geier ...

LEGGEWIE: *... eine Art politische Unternehmer, die auf Hausse spekulieren ...*

VACHSS: Ganz recht. Und der Rest, die breite Masse, das sind die Schafe – die laufen einfach mit, die brauchen eine Führer, dem sie folgen können. Schauen Sie, schon der Begriff »Skinhead« selbst wird falsch gebraucht. Es gibt sehr viele Skinheads, die keine Rassisten sind, die sich einen Teufel um Politik und Ideologie scheren, die einfach bloß darauf aus sind, sich zu schlagen. Wenn sie statt ihres Skinhead-Outfits Rugbyklamotten anhätten, würden wir sagen: »Schau an die verrückten Fußball-fans.«

LEGGEWIE: *Und wo liegen da die Parallelen zum Kindes-mißbrauch?*

VACHSS: Die liegen doch auf der Hand! Wenn Hitler Deutschlands Vater war, was war Deutschland dann anderes als ein mißbrauchtes Kind? Er hat seine Kinder als Kanonenfutter benutzt, als Werkzeug und als Spielzeug. Er hat nicht für seine Kinder gesorgt. Für ihn waren das bloß Objekte, die er nach Lust und Laune herumschieben oder sich vom Hals schaffen konnte. Es kommt vor, daß das mißbrauchte Kind seinen Peiniger nach-ahmt, und manche Deutsche haben das getan. Aber im Grunde hat das mißbrauchte Kind nur ein Ziel: Es will irgendwie *überleben*. Und wenn es erwachsen ist, dann ist der Zeitpunkt da, wo es handeln muß. Deutschland ist jetzt erwachsen. Die Menschen, die geboren wurden, als Hitler an der Macht war, sind inzwischen erwachsen, wirklich erwachsen, so erwachsen, daß sie schon selbst Kinder großgezogen haben – und wird es höchste Zeit, daß sie gegen den Peiniger kämpfen. Ich will damit nicht sagen, daß nicht auch jeder einzelne Deutsche für sein Verhalten verantwortlich ist. Jeder muß das, was er tut, selbst verantworten. Ich will lediglich sagen, daß die Deutschen heute die Chance haben, vor aller Welt zu zeigen, daß der Nazismus nicht aus ihrem »Nationalcharakter« entsprungen ist ... und das werden sie beweisen ... und zwar in der einzigen Form, in der sich das beweisen läßt – durch aktiven Widerstand, der letztendlich zum Sieg führen wird.

LEGGEWIE: *Von Hitlers Enkeln und Urenkeln in Deutschland haben Sie viel Widerspruch bekommen, besonders viel Unverständnis über Ihre harte Haltung zur Rehabilitation der Täter.*

VACHSS: Sicher, viele waren mit meinem Rezept für den Umgang mit den Tätern nicht einverstanden – bei dem, was ich mache, gehört so was dazu ... wenn bei jedem Kampf schon im voraus klar wäre, wie er ausgeht, würde nicht viel Mut dazugehören, in den Ring zu steigen, nicht wahr? Bei einer Diskussion in Bonn sagte ein Juraprofessor in etwa: »Es ist wider die menschliche Natur, es ist brutal, abscheulich, den Menschen keine Chance zu geben. Jeder, egal, was er getan hat, sollte wiedereingegliedert werden, dieses Risiko müssen wir auf uns nehmen.« Meine Antwort: »Warum nehmen Sie denn dann das Risiko nicht auf sich? Weil Ihr Rezept darin besteht, daß ich das Risiko auf mich nehmen soll. Sie wollen, daß man die Bestien aus dem Gefängnis rausläßt, aber in Ihrer Nachbarschaft werden die Bestien nicht wohnen, die werden in meiner wohnen. Die eigentliche Gefahr für die Allgemeinheit ist also Ihre großartige, humane Pose.« Da hat das Publikum sehr genau zugehört, vor allem, als ich aus verschiedenen Studien und Statistiken zitiert habe, um zu beweisen, daß es bei bestimmten Tätertypen praktisch keine Möglichkeit der Wiedereingliederung gibt.

LEGGEWIE: *Welche zum Beispiel?*

VACHSS: 1991 wurde in Minnesota eine Studie über 767 Vergewaltiger und Kinderschänder erarbeitet, aus der hervorgeht, daß die Täter, die sich einer psychiatrischen Behandlung unterzogen haben, häufiger rückfällig wurden als diejenigen, die keine Therapie hatten.[*]
Eine kanadische Untersuchung, die die Entwicklung aus der Haft entlassener Kinderschänder über einen Zeitraum von 20 Jahren verfolgt hat, ergab eine Rückfallquote von 43 Prozent, unabhängig von der angewandten Therapiemethode beziehungsweise davon, ob die Täter überhaupt einer Therapie unterzogen wurden.[**] Statistisch gesehen, besteht also offenbar kaum Unterschied zwischen den Tätern, die mit Haftstrafen belegt werden, und denen, die das gesamte Spektrum der Psychotherapie durchlaufen Und je gewalttätiger und sadistischer die Straftat, desto größer ist die Wahrscheinlichkeit, daß der Täter rückfällig wird.

LEGGEWIE: *Und wie reagierte das liberal gesonnene Publikum auf diese Indizien?*

---

[*] *REPEAT OFFENDER: Free to Rape*, eine Artikelserie, die erstmals vom 10. bis 12. November 1991 in der *Minneapolis Star Tribune* erschien.

[**] *Recidivism of Child Molesters 20 Years After Treatment* von R. Karl Hanson, York University, Richard A. Steffy, University of Waterloo, und Rene Gautier, Hincks Treatment Center; vorgetragen auf der 98. Jahrestagung der American Psychological Association am 13. August 1990 in Boston.

VACHSS: Die einzige Reaktion war: »Wir dürfen die Hoffnung nicht aufgeben.« Wer sagt das, daß wir die Hoffnung nicht aufgeben dürfen? Das ist eine religiöse Haltung, die sich auf den »Glauben« stützt. Dem Pragmatiker, dem Durchschnittsbürger, der Gefahr läuft, solchen Gewalttätern zum Opfer zu fallen, sagt das gar nichts. Überhaupt nichts.

LEGGEWIE: *Wie erklären Sie sich diese Reaktion? Vielleicht liegt es daran, daß die Deutschen nach dem verlorenen Krieg vor der Situation standen, bedingungslos kapitulieren zu müssen. Deswegen wollen sie heute nicht diejenigen sein, die anderen sagen: Ihr habt keine Chance, wir geben euch keine.*

VACHSS: Der Preis für ihren Liberalismus ist, daß sie nicht nur ihre eigenen Kinder gefährden, sondern die ganze Gesellschaft. Es ist doch mehr als dumm, es ist doch absolut hirnrissig, »Hoffnungen« und »Träume« über handfeste Beweise zu setzen. Daß man jemandem, der andere foltert und verstümmelt und tötet, noch einmal eine »Chance« geben soll, das ist in letzter Instanz ein Angriff auf die menschliche Gattung schlechthin. Ich bin durchaus nicht der Meinung, daß ich gnadenlos bin, ich bin ganz einfach pragmatisch. Die Deutschen, mit denen ich diskutiert habe, haben so getan, als ob ihr Land über unbegrenzte Mittel verfügt, als ob Geld überhaupt keine Rolle spielt. Ich habe gesagt, jeder Dollar, den man für die »Wiedereingliederung« ausgibt, sei rausgeworfenes Geld. Sie haben gesagt: »Nein, nein, das ist keineswegs rausgeworfenes Geld, denn wir müssen doch jedem eine Chance geben.« Deutschland geht es wirtschaftlich nicht viel besser als jedem anderen Industrieland. Es hat keine unversiegbaren Geldreserven zur Lösung seiner Probleme. Aber wenn man nur ein klein wenig Geld investieren und am Anfang anfangen würde, anstatt gewaltige Summen zu nehmen und das Pferd am Schwanz aufzuzäumen, dann wären durchaus Fortschritte möglich. Das Argument hört man ja auch nicht nur in Deutschland. Die USA haben die höchste Inhaftierungsquote der Welt, aber jeder Politiker, der verspricht, noch mehr Gefängnisse zu bauen, kann sicher sein, daß ihm das Stimmen bringt. Würde man das Geld statt dessen in die Kinder- und Jugendfürsorge investieren – und investieren ist hier das Schlüsselwort –, würden künftige Generationen davon profitieren, weil es dann weniger Kriminalität und Gewalt gäbe.

LEGGEWIE: *Sie wollen die liberale Gesellschaft verteidigen. Gibt es eine Grenze, die Sie angeben können, wo Liberale aufhören müssen, großzügig zu sein?*

VACHSS: Natürlich. Wenn man die Rechte eines gewalttätigen Psychopathen über den Schutz und die Sicherheit der potentiellen Opfer stellt, dann ist man nicht mehr »liberal«, weil man dann nämlich ein Narr ist. Ein gefährlicher Narr, der sich in die eigene Tasche lügt. Wenn wir Hoffnung haben wollen – echte Hoffnung –, müssen wir diese Hoffnung erzeugen und nicht nur sagen, daß man die Hoffnung nicht aufgeben darf.